अशोक कुमार दांगी

सेल्समैन की डायरी

BlueRose ONE.com
Stories Matter
NewDelhi • London

ब्लूरोज़ पब्लिशर्स
भारत | यू.के.
कॉपीराइट © अशोक कुमार दांगी 2025

सभी अधिकार लेखक के पास सुरक्षित हैं। इस प्रकाशन का कोई भी भाग बिना लेखक की पूर्व अनुमति के पुन: उत्पन्न, भंडारित, या किसी भी रूप में, इलेक्ट्रॉनिक, यांत्रिक, फोटोकॉपी, रिकॉर्डिंग या अन्यथा प्रसारित नहीं किया जा सकता है। यद्यपि इस प्रकाशन में शामिल जानकारी की सटीकता को सत्यापित करने के लिए हर संभव सावधानी बरती गई है, फिर भी प्रकाशक किसी भी त्रुटि या चूक के लिए कोई उत्तरदायित्व नहीं लेते हैं। इस प्रकाशन में शामिल जानकारी के उपयोग से होने वाले किसी भी नुकसान या क्षति के लिए कोई उत्तरदायित्व नहीं लिया जाएगा।

ब्लूरोज़ पब्लिशर्स इस प्रकाशन में प्रदान की गई जानकारी, उत्पादों, या सेवाओं के उपयोग या दुरुपयोग से होने वाले किसी भी नुकसान, हानि, या उत्तरदायित्व के लिए जिम्मेदार नहीं है।

इस प्रकाशन से संबंधित अनुमतियों के अनुरोध या पूछताछ के लिए कृपया संपर्क करें:
ब्लूरोज़ पब्लिशर्स
www.BlueRoseONE.com
info@bluerosepublishers.com
+91 8882 898 898
+44 07342 408967

आईएसबीएन: 978-93-6783-981-2
कवर डिज़ाइन: दक्ष
टाइपसेटिंग: तान्या राज उपाध्याय

पहला संस्करण: जनवरी 2025

-: समर्पित :-

सेल्स और मार्केटिंग के पेशे से जुड़े सभी लोगों को

डिस्क्लेमर:

इस पुस्तक के सभी पात्र, स्थान एवं संस्थानों के नाम काल्पनिक हैं. किसी भी वास्तविक व्यक्ति (जीवित या मृत) या संस्थान से इसकी कोई भी समानता पूरी तरह से संयोगवश है।

सेल्समैन की डायरी

(सेल्समैन से सीएमओ तक की यात्रा के कठिन संघर्ष, अपमान, उपेक्षा और मुश्किलों की अनकही कहानी- एक सेल्समैन की ज़ुबानी)

भूमिका

यह किताब सेल्स और मार्केटिंग के पेशे से जुड़े लोगों के जीवन के हिस्से की थोड़ी सी हकीकत को समाज के सामने रूबरू कराती है. यह कहानी एक सेल्समैन की नजर से सेल्स और मार्केटिंग के प्रोफेशन से जुड़े लोगों और कंपनियों के कुछ खट्टे मीठे अनुभव को साझा करती है. यह किताब सेल्स और मार्केटिंग की दुनिया से जुड़े लोगों की अपनी कहानी हो सकती है. वे अपनी कंपनी में चाहे जिस पोजीशन (पद) पर बैठे हो ; चाहे सेल्समैन हों, सेल्स मैनेजर हों, जनरल मैनेजर हों, सीएमओ हों या सेल्स / मार्केटिंग डायरेक्टर हों; सबका एक ही काम है- कंपनी के प्रोडक्ट्स या सर्विसेज़ से कस्टमर की जरूरतों को पूरा करना. इसके साथ ही एक सेल्समैन अपनी मेहनत और लगन से अपनी कंपनी के बिज़नेस को बुलंदियों तक पहुँचाता है. कंपनी इन्हीं सेल्स और मार्केटिंग टीम के बल पर ज़िंदा रहती है. लेकिन बहुत सारी कंपनियों में इनके बहुमूल्य योगदान को अहमियत नहीं दी जाती है और इनका अवशोषण किया जाता है. यह किताब इन अलग अलग पदों पर बैठे सबों की एक साझा कहानी है।

आप किताब को पढ़ते हुए दिन, महीने, साल को क्रमश गुजरते हुए महसूस करेंगे. कई सालों की बातें महीनों में और कई महीनों की बातें कुछ दिनों में कह दिए गए हैं. इस किताब को पढ़ते वक्त इसके किस्से कब आपके किस्से में बदल जाएँगे, आपको पता ही नहीं चलेगा।

इस किताब में अधिकांश कंपनियों और व्यक्तियों के नाम बदल दिए गए हैं. इसका कारण कोई डर या भय नहीं है. ऐसा इसलिये किया गया है कि संबंधित

व्यक्ति या कंपनी की गोपनीयता और प्रतिष्ठा को बनाए रखा जा सके और किसी वाद विवाद से बचा जाए।

अपने संपादक और प्रकाशक को आभार, जिन्होंने इस किताब को आपके पास लाने में अपना बहुमूल्य योगदान दिया है।

सभी पाठकों को धन्यवाद, जिन्होंने इस ' सेल्समैन की डायरी' को पढ़ने में अपनी रुचि दिखायी है।

अशोक कुमार दांगी
विकास कुंज, नई दिल्ली - 18

सेल्समैन की डायरी

एमबीए: सेल्समैनशिप का इंट्री पॉइंट
जूलाई 1990

गर्मियों के दिन थे। कॉलेज से आने के बाद अख़बार के पन्ने पलट रहा था कि अख़बार में छपी करियर और जॉब्स कॉलम में एक आर्टिकल पर नज़र टिक गई। लिखा था "करियर में ऊँचाई पाना है तो एमबीए कोर्स करें।"

मैंने कंप्यूटर, मेडिकल, इंजीनियरिंग, एकाउंटिंग, लॉ आदि कोर्स का नाम सुना था; लेकिन एमबीए का नाम नहीं सुना था। उत्सुकतावश उस लेख को शुरू से अंत तक पढ़ डाला। उस लेख में एक जगह लिखा था- 'एमबीए करने के बाद जितने साल की आपकी नौकरी होगी, आपकी वेतन उतने हज़ार बढ़ जायेगी यानी हर साल हज़ार रुपये वेतन बढ़ जायेगी'। इसके मायने थे कि अगर दस साल की नौकरी होगी तो वेतन दस हज़ार हो जायेगी और बीस साल में बीस हज़ार। ये वेतन मेरे दिमाग़ में घूमने लगा, क्योंकि मैं ग्रामीण परिवेश से था और मेरे लिये वेतन का ये आकड़ा कुछ ज़्यादा आकर्षक था। मैं उस वक्त नालंदा कॉलेज (जो अब नालंदा विश्वविद्यालय बन गया है) बिहारशरीफ में एमएससी के फाइनल ईयर में था। हमारे कॉलेज में एक प्रोफ़ेसर थे, मिस्टर कमलेश दांगी, जिन्हे मैं पर्सनली जानता था और उनके घर मेरा जाना-आना था। उन्हें कॉलेज में नौकरी करते हुए 20-25 साल हो गये थे, लेकिन मेरी जानकारी के अनुसार उनकी सैलरी उस वक्त लगभग सोलह हज़ार रुपये थी।

मेडिकल कॉलेज में एडमिशन नहीं मिलने के बाद मैंने बीएससी और फिर एमएससी (जूलॉजी) पढ़ाई जारी रखी थी। मेरे मन में हमेशा संदेह रहता था कि पढ़ाई के बाद मुझे नौकरी मिलेगी या नहीं? मिलेगी भी तो कितनी सैलरी होगी ? हमारे बड़े भैयाजी हमेशा सलाह देते थे कि मेडिकल में नहीं हुआ तो अब एमएससी करके कॉलेज में लेक्चरर बन जाओ।

बिहार में 1980-90 के दशक में प्राइवेट कॉलेजों की भरमार थी। कुकुरमुत्ते की तरह हर छोटे बड़े शहर में प्राइवेट कॉलेज खुल चुके थे। प्राइवेट कॉलेज के ट्रस्टी/संस्थापक कॉलेज को सरकारी मान्यता दिलाने का वादा करके पोस्टग्रेजुएट या पीएचडी डिग्रीधारी बेरोज़गारों से बिना वेतन या मामूली वेतन में शिक्षण का कार्य करवाते थे। पोस्टग्रेजुएट या पीएचडी डिग्रीधारी बेरोज़गार युवक प्रोफ़ेसर बनकर इस लोभ में काम करते रहते थे कि सरकारी मान्यता मिलने के बाद पूरा वेतन मिलने लगेगा। यह अलग बात है कि आज 40 साल बाद बहुत सारे कॉलेजों का नामोनिशान नहीं है और अधिकतर कॉलेज और उसके प्रोफ़ेसर आज भी सरकारी मान्यता मिलने का इंतज़ार कर रहें हैं। बहुत सारे इसी उम्मीद में रिटायर्ड भी हो गए।

अब मेरे दिमाग़ में एक ही बात घूमने लगी थी। मुझे एमबीए करना है किसी भी तरह, कहीं से भी। अब मैं एमबीए के बारे में और जानकारी जुटाना शुरू कर दिया। उस जमाने में गूगल बाबा और इंटरनेट नहीं था। दोस्तों को भी नहीं पता था। यहाँ तक की अधिकतर प्रोफ़ेसर भी इसके बारे में नहीं जानते थे। वे भी इसके बारे में कुछ ज़्यादा नहीं बता सके। उस समय एमबीए की पढ़ाई राज्य के कुछ गिने चुने अव्वल कॉलेजों या विश्वविद्यालयों में ही होती थी।

1980-90 के दशक में विद्यार्थियों और उनके गार्डियन में केवल दो फील्ड का ही क्रेज़ था- मेडिकल और इंजीनियरिंग। मेरा बैकग्राउंड ग्रामीण परिवेश का था। मेरे पिताजी स्कूली शिक्षा के साथ किसान थे और पंचायत में मुखिया

तथा माँ अशिक्षित गृहिणी महिला थी। मेरे तीन बड़े भाई सरकारी ग्रामीण स्कूल में टीचर थे और एक सरकारी कर्मचारी। मेरे गाँव में इस वक्त तक सरकारी नौकरी के नाम पर केवल स्कूल टीचर ही थे। इसलिए उस वक्त तक हमें एमबीए के बारे में कोई जानकारी नहीं थी। उस जमाने में जो भी बच्चे पढ़ने लिखने में अव्वल होते थे या अपने को काबिल समझते थे, वे सबसे पहले इन्ही दो फ़ील्ड में जाने का ज़ोर लगाते थे। मैंने भी मेडिकल के लिये ज़ोर लगाया था। यहाँ तक कि उसके लिए पटना में रहकर कोचिंग भी किया था। लेकिन डॉक्टर बनने का मेरा और मेरे घर वालों का सपना पूरा नही हो सका था।

-:- -:- -:-

एमबीए का एंट्रेंस टेस्ट
फ़रवरी 1991

बचपन से ही मैं जुनूनी हूँ। जो ठान लेता हूँ, उसको पाने के लिए जी जान लगा देता हूँ। अब मुझे एमबीए में एडमिशन का जुनून सवार हो गया था। इसके लिए मैं रोज अख़बार छानने लगा। उस समय कॉलेजों या विश्वविद्यालयों में एडमिशन की सूचना अख़बार में छपा करती थी। बहुत छान बिन करने के बाद मुझे बिहार के केवल चार संस्थानों के बारे में पता चला, जहाँ एमबीए की पढ़ाई होती थी- पटना यूनिवर्सिटी पटना, आकाश इंस्टीट्यूट ऑफ़ सोशल सायंस पटना, एच आई सी एम पटना और गया का एक कॉलेज। यह भी पता चला कि एडमिशन की प्रक्रिया जनवरी में शुरू होती है। इस एडमिशन प्रक्रिया में कई चरण होते हैं। पहला चरण विभिन्न संस्थाओं के लिए अलग-अलग फॉर्म भरना, फिर अलग-अलग संस्थानों के लिखित परीक्षा में शामिल होना। लिखित परीक्षा में सिलैक्ट होने के बाद पर्सनल इंटरव्यू और तब अगर सभी चरण पास कर गए तो अंत में एडमिशन के लिए सिलेक्शन लिस्ट में आपका नाम आ जाएगा।

मेरे पास समय नहीं था। मैं एमएससी के फाइनल ईयर में था। एमबीए एडमिशन की तैयारी के लिए मेरे पास साल दो साल नहीं थे। मैंने सोच रखा था कि पहले साल ही जिस संस्थान में एडमिशन हो जाएगा, मैं एडमिशन ले लूँगा। मैंने चारों संस्थानों में फॉर्म भर दिया। एमबीए में एडमिशन के टेस्ट की तैयारी के लिए मेरे पास कुछ ज़्यादा समय नहीं था। क्योंकि एमएससी के फाइनल एग्जाम कुछ दिन बाद शुरू होने वाली थी और उसे मैं ख़राब नहीं कर सकता था।

ख़ैर थोड़ी बहुत तैयारी के साथ मैं चारों संस्थानों के लिखित परीक्षा दे दिया। लिखित परीक्षा का पहला रिज़ल्ट पटना यूनिवर्सिटी का आया। मेरा सिलेक्शन नहीं हुआ। मायूस हो गया। लेकिन मैंने हार नहीं मानी। पता चला कि कुछ जुगाड़ से एडमिशन हो सकता है। मेरे एक रिश्तेदार और परिचित उस जमाने में पटना यूनिवर्सिटी के स्टूडेंट यूनियन के नेता हुआ करते थे (अब तो दो-दो बार एमएलसी बन चुके हैं और समाज के जाने माने नेता हैं)। पहले तो उन्होंने बोला की पैसे खर्च करने पड़ेंगे, एडमिशन हो जाएगा। फिर मना कर दिया।

लिखित परीक्षा का दूसरा रिज़ल्ट एच आई सी एम पटना का निकला। मेरा सिलेक्शन हो चुका था। एच आई सी एम के इंटरव्यू में कुछ खास नहीं पूछा गया। सामान्य बात चीत की गई। इसमें मेरा सिलेक्शन हो गया। लेकिन जब एडमिशन का लेटर मिला तो एडमिशन शुल्क 10 हज़ार रुपये जमा करने थे, वह भी एक हफ्ते के भीतर। उस वक्त मेरे लिए 10 हज़ार रुपये का जुगाड़ करना बहुत मुश्किल था। मैंने अपने घर में बात किया। बड़े भाई साहब बिगड़ गए। बोले “एमएससी तो कर ही रहे हो, अब और कौन सी पढ़ाई करनी है?”

मैं चुप हो गया। लेकिन मन में ठान लिया था।. मुझे एमबीए करना है। बिहारशरीफ रहते हुए, मैं एमएससी की पढ़ाई के साथ साथ छोटे बच्चों को उनके घर जाकर ट्यूशन पढ़ाया करता था। वो पैसे मेरे पास बच जाते थे क्योंकि पढ़ाई के लिए पैसे घर से मिल जाते थे। स्कूल में मुझे स्कॉलरशिप मिलता था। क्लास सात से दस तक मुझे सरकार की तरफ़ से हर महीने एक सौ रुपये स्कॉलरशिप मिला करता था (गर्मीयों की छुट्टी के दो महीने छोड़कर) यानी साल में एक हज़ार रुपये। इस तरह चार साल में चार हज़ार रुपये मिले थे, जो मेरे बैंक में जमा थे, थोड़े बहुत बहुत खर्च हुए थे।

इसी बीच आकाश इंस्टीट्यूट ऑफ़ सोशल सायंस के लिखित परीक्षा का भी रिएल्ट आ गया। उसमें भी मेरा सिलेक्शन हो गया। लेकिन आकाश इंस्टीट्यूट

ऑफ़ सोशल सायंस का मेरा इंटरव्यू ठीक नहीं हुआ। उस समय पटना के कमिश्नर मिस्टर चौधरी संस्थान के पदेन निर्देशक हुआ करते थे। वे काफ़ी कड़क और अनुशासन प्रिय व्यक्ति थे। वे भी इंटरव्यू बोर्ड में थे। उन्होंने कई सवालों के साथ एक सवाल पूछा था - ”आप अपनी मेरिट और डिमेरिट बताइये।”

अपनी मेरिट तो जो समझ में आया बता दिया था। मुझे याद भी नहीं है क्या बताया। लेकिन अपनी डीमेरिट में मै बोला था ”मेरी हाइट (लंबाई) कम है। यह मुझे मेरी डिमेरिट लगती है।“

इतना सुनते ही मिस्टर चौधरी भड़क गए। बोले “आपको पता है कि भारत के पूर्व प्रधानमंत्री लाल बहादुर शास्त्री की हाइट कितनी थी? आपसे भी कम थी। उन्हें तो कोई कमी महसूस नहीं हुई और भारत के प्रधानमंत्री तक बन गये।” फिर अपनी तरफ़ इशारा करके बोले, “मुझे भी देखिए, मेरी हाइट आपसे ज़्यादा नहीं है। मुझे तो कोई कमी नहीं महसूस होती”।

उन्होंने समझाया हाइट का जीवन में कोई ख़ास महत्व नही है। महत्व केवल तब है जब आप पुलिस या डिफेंस में जाना चाहते हो, बाक़ी कहीं नहीं। आकाश इंस्टीट्यूट ऑफ़ सोशल साइन्स में मेरा सिलेक्शन नहीं हुआ। लेकिन बाद में पता चला कि मेरे एक ख़ास दोस्त जिनका लिखित परीक्षा में भी चयन नहीं हुआ था, जुगाड़ से उसी संस्थान में बिना इंटरव्यू दिए एडमिशन हो गया था।

-:- -:- -:-

एमबीए में एडमिशन
जून 1991

जिन चार संस्थानों में मैंने एमबीए का प्रवेश परीक्षा दिया था उसमें से तीन में मेरा प्रवेश नहीं हो सका। अब केवल गया के एक कॉलेज पर उम्मीद टिकी थी।

इसी बीच एमएससी के फाइनल ईयर का एग्जाम नज़दीक आ गया। अब हम अपने दोस्तों के साथ उसकी तैयारी में जी जान से लग गए और एमबीए के बारे में सोचना ही भूल गए।

गर्मी के दिन थे। एमएससी के सारे पेपर ख़त्म हो गये थे। केवल प्रैक्टिकल एग्जाम बाक़ी था। मैं अपने कमरे में बैठा प्रैक्टिकल एग्जाम की तैयारी कर रहा था कि पोस्टमैन एक चिट्ठी देकर गया। खोलकर देखा तो ख़ुशी का ठिकाना ना रहा। गया के एक कॉलेज के एमबीए में एडमिशन के लिये मेरा सिलेक्शन हो गया था। एडमिशन शुल्क भी केवल 4,775 रुपये जमा करने थे, जिसे मैं आसानी से जुटा सकता था।

लेकिन यह ख़ुशी कुछ ही देर में गुम हो गई। लेटर को गौर से देखा तो पता चला कि एडमिशन का डेट निकल चुका था। उस वक्त मैं बिहारशरीफ में रहता था। कॉलेज से एडमिशन का लेटर आने में देर हो गई। उस जमाने में एडमिशन के लिए ईमेल का इस्तेमाल नहीं होता था। पोस्ट ऑफिस से चिट्ठी आती थी, वो भी साधारण डाक से।

कई दोस्तों और कुछ प्रोफ़ेसर से राय लिया। क्या करना चाहिए? कुछ ने कहा, अब कुछ नहीं हो सकता। डेट निकल चुका है, छोड़ दो। किसी और का

एडमिशन हो गया होगा। कुछ ने कहा, कोशिश करनी चाहिए। शायद एडमिशन हो जाए। मैं भी इतनी आसानी से हार मानने वालों में नहीं था। मैंने निश्चय किया। कोशिश करूँगा। लेकिन एक और प्रॉब्लम थी। लेटर में लिखा था कि एडमिशन के लिए स्नातक के मूल प्रमाण पत्र के साथ ट्रांसफ़र सर्टिफ़ीकेट्स (टी सी) भी लेकर आना है। मैं अपने कॉलेज गया और ट्रांसफ़र सर्टिफ़िकेट्स के लिए अप्लाई कर दिया। अब ट्रांसफ़र सर्टिफिकेट लेने में कोई प्रॉब्लम भी नहीं था, क्योंकि मेरा एमएससी का एग्जाम हो चुका था। ट्रांसफ़र सर्टिफिकेट मिलने में 3 दिन और निकल गए।

सारे मूल प्रमाण पत्र और ट्रांसफ़र सर्टिफिकेट लेकर मैं गया के कॉलेज के एमबीए डिपार्टमेंट के ऑफिस में पहुँच गया। वहाँ एक क्लर्क थे सिंह जी। मेरा लेटर देखकर बोले, "तुम्हारा एडमिशन नहीं होगा। डेट निकल गया है। अब तो सेकंड लिस्ट का एडमिशन चल रहा है। तुम्हारा फर्स्ट लिस्ट में था।"

उस समय साइकोलॉजी के प्रोफ़ेसर रमन सिंह एमबीए के हेड ऑफ़ डिपार्टमेंट (एचओडी) थे। मैं उनसे मिला। लेकिन उन्होंने भी साफ़ मना कर दिया। बोला, "समय पर क्यों नहीं आए ? एमबीए में केवल 30 सीट है। अगर तुम्हारा एडमिशन ले लिया और दूसरे लिस्ट के सारे कैंडिडेट्स आ गए तो लिमिट से ज़्यादा एडमिशन हो जाएगा। फिर डिपार्टमेंट को प्रॉब्लम हो जायेगी।" मैंने बहुत रिक्वेस्ट किया लेकिन वे नहीं माने। मैं निराश होकर वापस चला गया।

गया में ही मेरे एक दोस्त रहते थे, श्री अमर कुमार दांगी। फ़िलहाल वे झारखंड कैडर में एक वरिष्ठ पुलिस अधिकारी हैं। शाम को मैं उनसे मिला और सारी बात बताई। एमबीए के क्लर्क सिंह से वे परिचित थे। वे मुझे लेकर उनके पास गए। कोई उपाय बताने को कहा। पहले तो उन्होंने बिलकुल मना कर दिया। अब कुछ नहीं हो सकता। फिर कुछ सोचने के बाद बोले, "तुम एक काम करो। कॉलेज के प्रिंसिपल मिस्टर राजो सिंह रोज़ सुबह लगभग 10:30 बजे कॉलेज

का निरीक्षण करते हैं। तुम एमबीए बिल्डिंग के पास रहना और जैसे ही निरीक्षण पर आयें उनका पैर छूकर प्रणाम करना। फिर अपनी बात बता देना। शायद बात बन जाए।"

मुझे सिंह जी की बातों में दम लगा। इसके अलावा मेरे पास कोई चारा भी नही था। मैंने ठीक वैसा ही किया। अगले दिन ठीक 10 बजे मैं एमबीए डिपार्टमेंट के बिल्डिंग के पास खड़ा हो गया। कॉलेज का निरीक्षण करते हुए लगभग 10.40 पर प्रिंसिपल महोदय आते दिखाई दिये। साथ में कॉलेज के कुछ प्रोफ़ेसर एवं उनके बॉडीगार्ड भी चल रहे थे। मैंने मौका देखकर उन्हें पैर छूकर प्रणाम किया और अपना चिट्ठी दिखाकर अपनी बात बता दी। मेरी बात सुनकर वे बोले मेरे साथ आओ। मैं उनके पीछे-पीछे चल दिया।

प्रिंसिपल महोदय एमबीए के एचओडी श्री रमन सिंह के ऑफिस में गए। उनके पीछे मैं भी था। प्रिंसिपल साहेब को देखते ही रमन सिंह खड़े हो गए। प्रिंसिपल साहेब ने मेरी चिट्ठी रमन सिंह को दिखाते हुए बोले "इस लड़के को चिट्ठी देर से मिली है। सेकंड लिस्ट का एडमिशन पूरा होने के बाद इसका भी एडमिशन ले लीजिएगा।"

रमण सिंह बोले, "सर अभी सेकंड लिस्ट का एडमिशन चल रहा है। अगर सेकंड लिस्ट के सारे बच्चे आ गए तो सीट से ज़्यादा एडमिशन हो जाएगा।"

प्रिंसिपल साहेब बोले "कोई बात नहीं। मैं युनिवर्सिटी में बात कर लूँगा"

फिर मेरे से बोले "तुम्हारा एडमिशन सबसे लास्ट में होगा। सेकंड लिस्ट के एडमिशन का डेट ख़त्म होने के अगले दिन आ जाना।"

मैंने प्रिंसिपल साहेब को फिर से पैर छूकर प्रणाम किया और वापस आ गया.

क़रीब एक हफ्ते बाद मेरा एडमिशन गया के एक एमबीए कॉलेज में हो गया। एडमिशन शुल्क लगा था 4775 रुपये। मेरा रोल नंबर था 33। मेरे से पहले सीट से ज़्यादा दो लोगों का और एडमिशन हो चुका था। उनका कैसे हुआ, मुझे नहीं पता।.

-:-   -:-   -:-

एमबीए क्लास: एक अनोखा अनुभव
जुलाई 1991

एमबीए में एडमिशन के साथ ही क्लास शुरू हो गया। अब मैं बिहारशरीफ से गया आ गया था। गया में रहने में मुझे कोई प्रॉब्लम नहीं हुई, क्योंकि गया में मेरे बड़े भाई साहेब के बच्चे पहले से ही किराए के कमरे लेकर पढ़ाई कर रहे थे। मैं उनके साथ ही एडजस्ट हो गया। वह किराए का कमरा भी मेरे एमबीए कॉलेज के पास ही था। ना खाना बनाने का झंझट था ना बर्तन धोने का। ये सारा काम मेरे भतीजे मिलजूल कर करते थे। क्योंकि मैं रिश्ते में बड़ा था और उम्र में भी। इसलिए कोई मुझसे उम्मीद भी नहीं करता था कि मैं खाना बनाऊँ या बर्तन धोऊँ। मैंने अपने बड़े होने का फ़ायदा उठा लिया। राशन पानी सब घर से आ जाता था और पैसे भी।

अब मेरे रहन-सहन में बदलाव भी आ गया था। आज तक मैंने कभी कोट नहीं पहना था। सर्दियों में भी घर के बुने केवल स्वेटर और टोपी से काम चला लेता था। लेकिन यहाँ तो एमबीए कॉलेज का एक अलग ड्रेस कोड था। ड्रेस कोड में ब्लेजर के साथ टाई पहनना जरूरी था। ब्लेजर के पॉकेट में कॉलेज का नाम और एमबीए लिखा होता था। अब ब्लेजर के साथ गले में टाई भी लटक गया, गर्मियों में भी। ब्लेजर के साथ टाई पहनकर जब हम कॉलेज के लिए निकलते तो एक अलग ही फीलिंग होती थी। कॉलेज में भी दूसरे डिपार्टमेंट के बच्चे से अपने आप को सुपीरियर समझने लगे थे। रास्ते पर चलते ऐसा लगता था कि सब लोग हमें ही देख रहे हैं। यह सोचकर हमें गर्व की अनुभूति होती थी। ऐसा लगता था कि हम अभी ही किसी बड़ी कंपनी में मैनेजर बन गए हैं।

मेरी सारी पढ़ाई हिंदी मीडियम में हुए थी, एमएससी तक। लेकिन यहाँ तो हिन्दी का नाम ही नहीं था। सारे लेक्चर इंगलिश में होते थे। अधिकतर स्टूडेंट भी इंगलिश में ही बात करते थे, जिन्हें ठीक से इंग्लिश नहीं आती थी वो भी। सारे बुक्स इंगलिश में थे। इंगलिश में लेक्चर समझ तो आ जाती थी। लेकिन प्रॉब्लम तब होता था, जब कोई प्रोफ़ेसर कुछ सवाल का जनाब पूछ लेते थे। मेरे तो हाथ पाँव फ़ुल जाते थे। उससे भी ज़्यादा दिक़्क़त तब आती थी जब डिबैट होता था। डिबेट में मैं बहुत मुश्किल से अपनी बात रख पाता था। मेरी इंगलिश कुछ ज़्यादा ही कमजोर थी। प्राइमरी स्कूल में क्लास चार से तो हमने एबीसीडी सीखना शुरू किया था।

किसी तरह रट्टा मारकर और दिनरात एक कर मैंने सेकंड सेमेस्टर पार कर लिया। थर्ड सेमेस्टर मे चार में से कोई एक स्पेशल स्ट्रीम (स्पेशलिज़ेशन) सिलेक्ट करना था। उसी स्पेशल स्ट्रीम के बेसिस पर एमबीए के बाद किसी का करियर डिसाइड होता है कि वो किस फ़ील्ड में जाएगा, वे चार स्पेशल स्ट्रीम थे- एकाउंट्स मैनेजमेंट, पर्सनल मैनेजमेंट, मॉर्केटिंग मैनेजमेंट और इंटरनेशनल बिज़नेस मैनेजमेंट।

हम लोगों ने प्रोफ़ेसर एवं अपने सीनियर से डिस्कस किया। सबों ने बताया कि अगर आप अकाउंट लेते हो तो आपकी मैथ्स स्ट्रॉग होनी चाहिए और एमबीए के बाद इंटरव्यू के वक्त आपको सीए (चार्टर्ड अकाउंटेंट) क्वालिफ़ाइड से कम्पीट करनी होगी। सीए क्वालीफ़ाईड बहुत इंटेलिजेंट होते हैं। उनसे कम्पीट करना मुश्किल होगा। मैथ्स से मैं पहले ही दूर भागता था, इसलिए अकाउंट मैनेजमेंट कैंसिल।

मुझे बताया गया कि छोटी कंपनी या कुछ डिपार्टमेंट में पर्सनल (एचआर) की केवल एक या दो या कुछ गिने चुने पद होते हैं, इसलिए इसमें भी जॉब मिलना मुश्किल होता है। किसी बड़ी कंपनी में जॉब लगने की बात मैं सोच ही नहीं

सकता था। कारण कि एक तो मेरा बैक ग्राउंड और परवरिश ग्रामीण था और दूसरा मेरी इंगलिश कमजोर थी। तो इस तरह पर्सनल मैनेजमेंट भी कैंसिल।

इंटरनेशन बिज़नेस की बात मैं नहीं सोच सकता था, क्योंकि मुझे कोई इंटरनेशनल बिज़नेस नहीं करना था। तो अंत में बचा - मार्केटिंग मैनेजमेंट। सबों ने बताया कि किसी भी कंपनी में सेल्समैन की सबसे ज़्यादा ज़रूरत पड़ती है, क्योंकि किसी सामान को बनाना आसान होता है, लेकिन उसे बेचना सबसे मुश्किल काम होता है। अपना प्रोडक्ट बेचने में असफल होने के बाद ही कोई कंपनी घाटे में चली जाती है या बंद हो जाती है। अपने प्रोडक्ट की बिक्री के बल पर ही कोई कंपनी बड़ी बनती है या छोटी होती है। साथ ही बिक्री के अनुसार ही उस कंपनी की लाभ या हानि निर्धारित होती है। मुझे बताया गया कि मार्केटिंग वाले ही सेल्समैन बनते हैं। किसी दूसरे स्ट्रीम की तुलना में सेल्समैन की जॉब जल्दी लग जाती है। मैं तो एमबीए की पढ़ाई जॉब के लिए ही कर रहा था। तो मेरे सामने कोई दुविधा का सवाल ही नहीं था। मैंने बिना ज़्यादा सोचे मार्केटिंग स्ट्रीम चुन लिया। मेरे जैसे लगभग 50% बच्चों ने मार्केटिंग स्ट्रीम ले लिया। तो इस तरह मैं सेल्समैन की पहली सीढ़ी चढ़ गया।

एमबीए के फोर्थ (फाइनल सेमेस्टर) में मैंने बहुत मेहनत किया था। सारे पेपर बहुत अच्छे गए। लेकिन मेरा एक पेपर लटक गया। जब फाइनल रिजल्ट आया तो मैं उसमें फेल था। मेरा फाइनल रिजल्ट रोक दिया गया। एमबीए में सभी पेपर में पास होना आवश्यक है। अब मुझे अपने जूनियर बैच के साथ उस पेपर का एग्जाम फिर से देना होगा। उसमें पास होने के बाद ही मुझे एमबीए की डिग्री मिलेगी। इस तरह मेरा एक साल बेकार हो गया। एक साल बाद मेरा एमबीए का फाइनल रिजल्ट आया, प्रथम श्रेणी के साथ 65.5% मार्क्स आए

थे। एमबीए के प्रोविजनल सर्टिफिकेट और मार्क्ससिट लेकर मैं अपने एक दोस्त के साथ जॉब की तलाश में दिल्ली के लिए चल पड़ा।

-:-   -:-   -:-

जॉब के लिये दिल्ली प्रस्थान
अक्तूबर 1995

एमबीए की प्रोविजनल डिग्री लेकर मैं एक दोस्त के साथ दिल्ली के लिये निकल पड़ा। दिल्ली में हमें न तो रहने का कोई ठिकाना था, ना कोई जॉब का। बस मन में हिम्मत थी और अपने ऊपर भरोसा। चलते वक्त बड़े भाई साहेब से पाँच हज़ार रुपये माँगा था, लेकिन उन्होंने केवल दो हज़ार रुपये दिए। बोले, ख़त्म हो जाएगा तो चिट्ठी लिख देना, भेज दूँगा। ज़्यादा पैसे रहेंगे तो चोरी होने का डर रहेगा। अभी कहीं रहने का भी ठिकाना नहीं है। हालाँकि फिर बाद में दुबारा पैसे माँगने की नौबत नहीं पड़ी। मैंने भी सोच लिया था कि अब घर से पैसे नहीं माँगूँगा, चाहे जो हो जाए।

दिल्ली में मेरा कोई ठिकाना नहीं था। मैं दिल्ली एक बार आया था किसान रैली में, जब तत्कालीन प्रधानमंत्री स्व. चौधरी चरन सिंह ने 23 दिसंबर, 1978 को किसानों की रैली दिल्ली में बुलाई थी। मैं अपने कुछ दोस्तों के साथ स्कूल और अपने घर में झूठ बोलकर दिल्ली आया था, रैली की भीड़ में।

उस रैली में हम लोग कितनी मुस्किल से आए थे, उसका वर्णन करना आज बहुत मुस्किल है। हम लोग कभी ट्रेन के दो बोगी के बीच वैक्यूम पर खड़े होकर तो कभी ट्रेन की छत पर बैठकर दिल्ली तक आए थे, क्योंकि ट्रेन की बोगी में इतनी ज़्यादा भीड़ थी कि हम लोग अंदर चढ़ ही नहीं सके थे। उम्र भी रही होगी लगभग 14-15 साल, 10वीं में पढ़ रहे थे। लेकिन दिल्ली जाने की ठान रखी थी, सो जैसे तैसे दिल्ली आकर उसी तरह वापस भी आ गए। लेकिन बाद में घर और स्कूल में झूठ पकड़ी गई। घर में मार तो नहीं पड़ी, केवल बहुत ज़्यादा डाँट बहुत पड़ी थी। घर में बहुत दिनों तक सब लोग मुझसे नाराज़ रहे

थे। रास्ते में कुछ हो जाता तो? लेकिन स्कूल में बहुत मार पड़ी थी। उस वक़्त के प्रिंसिपल विश्वनाथ सर ने प्रेयर (प्रार्थना) के वक्त सबों के सामने बहुत पिटाई की थी। बहुत दिनों तक हाथ और पैर दुखते रहे थे पिटाई से।

एमबीए के बाद मैं जिस दोस्त के साथ दिल्ली आया था उनका नाम था, मिस्टर वर्मा। वर्मा के दिल्ली में एक परिचित रहते थे, बाबा फ़रीदपूरी पटेल नगर में, उनका नाम था सौरभ खन्ना। हम दोनों ट्रेन से उतरकर अपना-अपना सामान लेकर सीधे सौरभ खन्ना के घर चले गए। सौरभ खन्ना के घर पहुँचकर वर्मा जी बोले "हमें रहने के लिए रूम चाहिए, कहीं दिला दो। "

सौरभ खन्ना बोले "तुरंत रूम कहाँ मिलेगा? चिट्ठी लिख दिया होता। मैं रूम खोजकर रखता"।

फिर कुछ सोचने के बाद सौरभ खन्ना ने अपने घर में एक छोटा सा कबाड़ घर दिखाया और बोला "तुम लोग अपना सामान रखकर एक दो घंटे कहीं घूम आओ। मैं इसे साफ़ करा देता हूँ। फ़िलहाल यहीं रह लेना।"

वह कबाड़ घर 8x8 फ़िट का छोटा सा कमरा था, ना खिड़की ना किचन। कॉमन टॉयलेट, जो बाहर बना हुआ था।

अक्टूबर ख़त्म हो रहे थे। सर्दियाँ शुरू हो चुकी थी। सुबह शाम ठंड ने दस्तक दे दिया था। हम लोग कुछ ज़्यादा सामान नहीं लाए थे। सामान के नाम पर मेरे पास एक छोटी अटैची में कुछ कपड़े और ज़रूरी सामान थे। वर्मा जी अपने साथ स्टोव और खाना बनाने के कुछ जरूरी बर्तन ज़रूर लाए थे।

पहले दिन हम लोग फ़र्श पर ही अख़बार के ऊपर चादर बिछाकर सो गए। खाना बाहर खा लिया। लेकिन ठंड महसूस हुई। अगले दिन हम लोग एक फोल्डिंग कॉट (मुड़ने वाली खाट) ख़रीद लाए। क्योंकि यह सस्ता होता है और

हम लोगों के पास ज़्यादा पैसे भी नहीं थे। लेकिन फोल्डिंग खाट ख़रीदने का निर्णय ग़लत हो गया। कारण कि यह प्लास्टिक की पट्टी की बनी होती है और सोते समय यह बीच में धँस जाती है। दो लोगों के लिए यह कम्फर्टेबल नहीं थी।

अब हम दोनों का टार्गेट्स जॉब ढूँढने की थी। हमारा कोई गॉडफादर नहीं था। रोज़ सुबह अंग्रेज़ी के अख़बार लेकर जॉब के कॉलम छान मारते। जॉब के एक-एक विज्ञापन दस-दस बार देखते। शायद हमारे लायक़ अनुभवहीन (फ्रेशर) का कोई जॉब निकला हो। लेकिन अधिकतर विज्ञापन एक्सपेरिएंस्ड (अनुभवी) लोगों के लिए होते थे। एक दो होते थे फ्रेशर के लिये, लेकिन अधिकतर वॉकिंग इंटरव्यू (बिना अप्लाई किए दिये पत्ते पर पहुँचना होता था)। हमारे परिवार में सभी बड़े भाई सरकारी शिक्षक थे और पिताजी किसान। किसी का भी कॉर्पोरेट जगत से कोई लेना देना नहीं था। वर्मा जी के एक रिश्तेदार एक बड़ी फ़ार्मा कंपनी में बड़े पोस्ट पर थे दिल्ली में, पटेल नगर में उनका ऑफिस था। एक बार मैं भी वर्मा के साथ उनसे मिला था। लेकिन उन्होंने वर्मा जी को आश्वासन के सिवा कुछ नहीं दिया।

जल्दी ही हम दोनों को एक कंपनी के डायरेक्ट सेलिंग डिस्ट्रीब्यूटर के पास डायरेक्ट सेलिंग का जॉब मिल गया। वह अनुभवहीन लड़के भी अपॉइंट करता था। कंपनी थी- स्टैण्डर्ड वीडियो लिमिटेड। डिस्ट्रीब्यूटर का ऑफिस तिलक नगर में था। काम था घर-घर जाकर कंपनी के प्रॉडक्ट्स- वीडियो गेम्स और रिचार्जेबल लैंप बेचना। सैलरी 1600 रुपये, साथ में कमीशन और बस किराया। उस वक्त दिल्ली में रहने के लिए ये सैलेरी हमारे लिए ठीक ठाक थी। हम दोनों के पास कोई वाहन था नहीं, इसलिए हम लोग बसों में ही ट्रैवल करते थे।

हमारे डिस्ट्रीब्यूटर का ऑफिस पश्चिमी दिल्ली के तिलक नगर में था। यहाँ से पटेल नगर काफ़ी दूर था। इसलिए हम और वर्मा जी ने निर्णय लिया कि ऑफिस के पास ही कमरा किराए पर लेंगे, जिससे हमारा समय और पैसा दोनों की बचत होगी।

हमने कमरा ढूँढना शुरू किया और जल्द ही तिलक नगर के मीनाक्षी गार्डन में एक कमरा किराए पर मिल गया। कमरा एक आंटी का था। ग्राउंड और फर्स्ट फ्लोर पर उनके दो बेटे बहू और वो ख़ुद रहती थी। सेकंड फ्लोर पर हमें एक कमरा दे दिया, कमरे का साइज 10x8 फिट था। कमरे में एक स्लैब लगा था, जो किचन का काम करता था। कमरे की छत एस्बेस्टस की थी, जो सर्दी के दिनों में दिल्ली की सर्दी रोकने में असफल थी और गर्मी में तंदूर जैसी तप जाती थी। बाहर एक छोटा टॉयलेट था। स्नान करने के लिए बाहर खुले में ही नल लगा हुआ था। छत भी था जिसपर हमलोग गर्मियों में खुले आसमान के नीचे सोया करते थे।

आंटी कड़क मिज़ाज की थी। उसे समय पर किराए मिल जाना चाहिए था, वरना महीने पूरे होते ही टोकना शुरू कर देती थी। वो हमलोगों पर हमेशा नज़र रखती थी कि कौन आ रहा है और कौन जा रहा है। कमरे में किसी लड़की के आने पर सख़्त प्रतिबंध था।

बाद में उसी एक कमरे में हम तीन लोग रहने लगे- मैं, वर्मा और अमन गुप्ता। अमन गुप्ता भी बिहार के थे और उसने भी हमारे ही कॉलेज से एमबीए किया था। हम लोग ख़ुद ही खाना बना लिया करते थे। खाना बनाने के लिए हम तीनों ने काम बांट लिया था। कोई सब्जी बनाता, कोई आंटा गूंथकर रोटी और कोई बर्तन धोता। मैंने बर्तन धोने का काम ले रखा था, क्योकि मुझे खाना बनाना नहीं आता था। कभी-कभी हम लोग बाहर ही खाना खाकर आ जाते थे।

बाद में जब मैं अपनी पत्नी को दिल्ली ले आया तो उस कमरे में मैं अपनी पत्नी के साथ रहने लगा। मिस्टर वर्मा और अमन गुप्ता जी उसी के बगल के कमरे में रहने लगे।

-:-   -:-   -:-

डायरेक्ट सेलिंग: एक कठिन जॉब
नवम्बर 1995

सुबह 6.30 किसी सोसाइटी या मोहल्ला के बाहर हमें जमा होना होता था। हमारा टीम लीडर हमें गाइड करता कि हमें किस सोसाइटी में विजिट करना है। उसे पता होता था कि इस प्रोडक्ट के कस्टमर कहाँ हो सकते है। सुबह 7 बजे से 11 बजे तक और शाम को 6 बजे से 9 बजे तक हमें सोसाइटी या फ़्लैट्स में घर-घर जाकर सामान का डेमोंस्ट्रेशन करना (दिखाना) होता था। दिन में 11 बजे से शाम के 6 बजे तक या तो हम डिस्ट्रीब्यूटर के ऑफिस में बैठ कर कस्टमर को फ़ोन करके अपॉइंटमेंट लेते थे या फिर आस पास के किसी पार्क में अख़बार बिछाकर आराम कर लेते थे। भूख लगने पर वहीं फुटपाथ के ठेले से कुछ ख़रीदकर खा लेते थे, क्योंकि घर आने जाने में पैसे खर्च करने पड़ते और हमारे पास ज़्यादा पैसे होते नहीं थे। कभी कभी जब हम अपने कमरे के पास ही काम कर रहे होते तो कमरे पर आ जाते और दिन में आराम कर लेते थे। लेकिन एसा बहुत ही कम होता था, महीने में केवल चार पाँच दिन।

जब हम सेल्स विजिट पर जाते तो किसी फ्लैट के कॉलबैल डरते हुए बजाते थे। पता नहीं कस्टमर का क्या रिएक्शन होगा। कोई दरवाज़ा खोलते हुए पूछते, क्या है? जब हम बोलते कि हम किसी कंपनी से है और अपना सामान दिखाने आए हैं तो अजीब-अजीब तरह की प्रतिक्रिया मिलती। कोई तो बड़े प्यार से मना कर देते; जैसे, मुझे नहीं लेना है या मैं अभी बिजी हूँ या हसबैंड घर पर नहीं है या बाद में कभी आना, अभी हम आराम कर रहे हैं या बच्चे अगर घर पर अकेले हैं तो बोलते पापा मम्मी घर पर नहीं है। लेकिन कोई तो बिल्कुल

काटने दौड़ पड़ते। बोलते, ये समय सामान बेचने का है? तुम लोगों के पास और कोई काम नही है क्या? अभी मैं ऑफिस जा रहा हूँ या ऑफिस से आया हूँ और तुम डिस्टर्ब करने आ गए। अगर संडे होता तो बोलते आज छुट्टी का दिन है हम आराम कर रहे हैं और तुम डिस्टर्ब करने आ गए। संडे को तुम आराम क्यों नहीं करते? अगर सर्दी या गर्मी या बारिश का दिन है तो बोलते बाहर इतनी ठंड है या गर्मी है या बाहर लू चल रही है और बारिश के दिन में इतनी तेज बारिश हो रही है और तुम बाहर घूम रहे हो, तुम्हें घर में रहना चाहिए (उन्हें कौन बताये कि अगर घर में रहेंगे तो खाना कैसे खायेंगे)।

कुछ लोग ऐसे भी होते थे जो बड़े प्यार से घर के अंदर बुलाते, बैठाते और बड़े ध्यान से प्रॉडक्ट्स का डेमन्स्ट्रेशन देखते। प्रोडक्ट्स के बारे में कुछ और जानकारी लेते या क़ीमत पूछते। हमें उम्मीद होने लगती थी कि शायद ये कस्टमर हमारा सामान ख़रीदेगा। लेकिन बाद में वो बोल देता, प्रोडक्ट तो बहुत बढ़िया है, काम का भी है लेकिन इसके बारे में बाद में सोचूँगा। ऐसे लोग अधिकतर रिटायर्ड या बुजुर्ग होते थे। उन्हें ख़रीदना नहीं होता था बल्कि अपना समय व्यतीत करना होता था।

डायरेक्ट सेलिंग शायद दुनिया का सबसे मुश्किल जॉब था। इतनी दुत्कार, उपेक्षा और निरादर के बाद भी हमें अगले दिन फिर उसी मिशन पर निकलना पड़ता था। लगभग 100 फ्लैट या घरों में विजिट करने / कॉलबेल बजाने के बाद 10 घरों में एंट्री मिलती थी और इन 10 घरों में एंट्री और डेमोंस्ट्रेशन के बाद एक कस्टमर सामान ख़रीदता था। यानी कस्टमर विजिट और सेल्स का रेशियो 1% था, बेहद कम। फिर भी हमारे जैसे लाखों लोग इस पेशा में अपना भविष्य बनाने में जुटे थे।

डायरेक्ट सेलिंग के लिए कस्टमर विजिट करना भी आसान नहीं था। हमें रोज़ नये-नये सोसाइटी या कॉलोनियों में जाना होता था। हमारा अधिकतर विजिट

तिलक नगर, अशोक नगर, सुभाष नगर, विकास पूरी, जनकपुरी, पश्चिम विहार, उत्तम नगर, द्वारका आदि इलाक़े में ही होता था। रोज़ सुबह 6 बजे घर से निकलते और देर रात लगभग 10-10:30 बजे घर पहुँचते थे। दिल्ली जैसे महानगर में हम नए थे। बसों के रूट की जानकारी नहीं थी। कौन सी बस किधर जाएगी यह भी एक बड़ी समस्या थी। बस का रूट नंबर होता था और बस कहाँ तक जाएगी यह लिखा होता था। हम लोग तिलक नगर रहने आ गए थे। बस में चढ़कर जब कंडक्टर से तिलक नगर का टिकट माँगते तो वह बोलता यह बस तिलक नगर से आ रही है, रोड के दूसरे तरफ़ से तिलक नगर के लिए बस मिलेगी। फिर हमें अगले स्टॉप पर उतरकर दूसरी तरफ़ जाने वाली बस में बैठना पड़ता था।

खाना हम अधिकतर बाहर ही ढाबा में खा लिया करते थे। बनाने का झंझट तो था ही समय भी नहीं था। तिलक नगर में जहाँ हम रहते थे उसके पास ही एक छोटा सा ढाबा था। अधिकतर हम लोग उसी ढाबा में खाना खाते थे। वह सस्ता था। ढाबे का मालिक रोटियाँ गिनकर नहीं खिलाता था। खाने के बाद पूछता था कि कितनी रोटियाँ खायी है। कस्टमर जितनी रोटियाँ बोलता था, ढाबे का मालिक उस पर भरोसा करके पैसे ले लेता था। कोई कोई कस्टमर अपने पैसे बचाने के लिए रोटियों की संख्या कम बताता और इस तरह अपने पैसे बचा लेता। कभी-कभी जब पैसे नहीं होते थे हम भी इसी तरह झूठ बोलकर पैसे बचा लेते थे।

डायरेक्ट सेलिंग ने हमें कई बातें सिखाई थी- संघर्ष करना, हिम्मत ना हारना, कॉन्फिडेंस का बढ़ना, कन्विंसिंग पॉवर बढ़ना, संकोच का ख़त्म हो जाना, पैसों की अहमियत, आदि।

-:- -:- -:-

डायरेक्ट सेलिंग
अक्तूबर 1992

एमबीए क्लास में मार्केटिंग के प्रोफ़ेसर कई बार हमें बता चुके थे कि अगर सेल्स/मार्केटिंग में करियर बनाने के लिए अपनी संकोच (हेजिटेशन) मिटाना चाहते हो तो शुरू में कम से कम 6 महीने से एक साल डायरेक्ट सेलिंग (घर-घर जाकर समान बेचना) का जॉब करना। अगर डायरेक्ट सेलिंग कर लिया तो तुम पक्के सेल्समैन बन जाओगे।

हमारे मार्केटिंग के प्रोफ़ेसर लेक्चर देते समय हमेशा डायरेक्ट सेलिंग की खूबियाँ बताते थे। उनका कहना था कि डायरेक्ट सेलिंग में निम्नलिखित फायदे हैं:

1. आप अपनी कमाई ख़ुद निर्धारित कर सकते हो:

यदि आपके पास जुनून और कौशल है तो आपकी कमाई की कोई सीमा नहीं होगी। वे बताते थे कि उनके पास ऐसे कई डायरेक्ट सेल्समैन के उदाहरण हैं जिनके पास केवल 4-5 साल का अनुभव है लेकिन उनकी मासिक आय 15-20 साल के अनुभव वाले सीनियर मैनेजर या जीएम से भी ज़्यादा हैं।

2. लोगों के मनोविज्ञान को समझने में आसानी होती है:

डायरेक्ट सेलिंग में आप अलग-अलग परिस्थितियों को समझना और उसे संभालना सीखते हैं। इसके बदले आपको ग्राहक और आम लोगों के मनोविज्ञान के बारे में समझ विकसित होती है। यह एक बेहतरीन संपत्ति है जो आपको लोगों से अच्छी तरह से जुड़ने में मदद करती है और मार्केटिंग के पेशे में लंबे समय तक आगे बढ़ने में सहायक होती है।

3. आत्मविश्वास बढ़ाता है:

डायरेक्ट सेलिंग के करियर में बहुत तरह के कठिनाइयों को दूर करने और आत्मविश्वास बढ़ाने में मदद मिलती है। इस पेशे के लोगों को किसी से मिलने जुलने में कोई शर्म महसूस नहीं होती हैं।

4. धर्य (पेसेंस) का विकास होता है:

डायरेक्ट सेलिंग के जॉब में जब आप सौ कस्टमर को विजिट करते हैं तो दस कस्टमर आपकी बात सुनने या आपका प्रॉडक्ट्स देखने को राज़ी होते हैं। दस कस्टमर को अपने प्रॉडक्ट्स के बारे में बताने या दिखाने पर केवल एक कस्टमरआपका प्रॉडक्ट्स या सर्विस लेने को तैयार होता है। इस तरह डायरेक्ट सेलिंग में रिजल्ट 1% के लगभग होता है। इतना धर्य किसी भी दूसरे जॉब में नहीं होता।

5. कम्युनिकेशन स्किल का विकास:

डायरेक्ट सेलिंग के करियर में किसी व्यक्ति के कम्युनिकेशन स्किल का तेज़ी से विकास होता है। उनमें समय का प्रबंधन (टाइम मैनेजमेंट), व्यक्तिगत परफॉरमेंस (पर्सनल परफॉरमेंस) और प्रेजेंटेशन स्किल में ज़बरदस्त सुधार होता है।

6. कस्टमर के साथ गहरा संबंध (लौंग टर्म रिलेशनशिप):

डायरेक्ट सेलिंग में सेल्समैन का कस्टमर के साथ व्यक्तिगत संबंध बन जाता है, जो बहुत लंबा चलता है। यह संबंध कभी कभी वर्षों तक चलता है और इससे दूसरे कस्टमर का रिफरेन्स भी मिलता है।

7. उपलब्धि का एहसास (फ़ीलिंग ऑफ़ एचीवमेंट):

कई जॉब्स करियर में पता ही नहीं चलता कि कंपनी में हमारा कंट्रीब्यूशन क्या है? हम क्या कर रहें हैं? हमारे काम से और हमारे मेहनत से कंपनी को क्या फ़ायदा हो रहा है? इसके विपरीत डायरेक्ट सेलिंग में हमें मालूम होता है कि कंपनी में हमारा अचीवमेंट क्या है? हम कंपनी के लिए क्या कंट्रीब्यूट कर रहें हैं। इसमें हम प्रत्येक महीने अपनी सफलता का जश्न मना सकते हैं, जो दूसरे जॉब में नहीं है।

-:-   -:-   -:-

इंडिया वॉच में जॉब
अप्रैल 1996

डायरेक्ट सेलिंग के जॉब में मुझे लगभग 5 महीने हो चुके थे। लेकिन जैसा सोचा था वैसा यह जॉब नहीं था। ये एमबीए लेवल का जॉब नहीं था। मेरे साथ काम करने वालों में वर्मा जी के अलावा और कोई भी एमबीए डिग्री वाला नहीं था। कुछ तो केवल 12वीं पास लड़के थे और अधिकतर ग्रेजुएट। उनके सामने हमें बहुत शर्मिंदगी होती थी। हम एमबीए की डिग्री लेकर भी वही काम कर रहे हैं जो 12 वीं या ग्रेजुएट वाले करते हैं। मीडियम या बड़ी कंपनियों में हमारा सिलेक्शन इसलिए नहीं होता था कि हमारी इंगलिश कमजोर थी। हम फ़र्राटेदार इंगलिश नहीं बोल पाते थे। हम तो फ़र्राटेदार इंगलिश आज भी नहीं बोल पाते हैं। दिल्ली में 10 वीं पास बच्चे भी हमसे अच्छी इंगलिश में बात कर लेते हैं।

हम बिहारी हैं, वो भी ग्रामीण परिवेश से। हमारी प्रारंभिक स्कूली पढ़ाई अपने गाँव के सरकारी स्कूल में हुई थी, जहाँ चौथी क्लास से इंग्लिश का अल्फाबेट (एबीसीडी) सिखायी जाती थी। घर और परिवेश के माहौल में इंग्लिश में बात करने का कोई सवाल ही नहीं था। हाई स्कूल या कॉलेज में भी हम केवल इंगलिश सब्जेक्ट में पास होने के लिए इंग्लिश पढ़ते थे। एमएससी तक सभी किताबें भी हिन्दी में थी। कॉलेज के प्रोफ़ेसर भी लेक्चर देते वक्त केवल इंग्लिश शब्द को इंगलिश में बोलते थे, पढ़ाई का मीडियम हिन्दी था। फिर मुझे इंगलिश बोलना कैसे आयेगा? और यहाँ दिल्ली में, बच्चा इंग्लिश बोलते हुए ही पैदा होता है। प्री नर्सरी की मैम बच्चों से इंगलिश में बातें करती हैं। बड़े शहरों में बच्चों को पढ़ना लिखना इंगलिश में आए या ना आए, लेकिन

फर्राटेदार बोलना पहले सिख लेते हैं। उनसे कम्पीट करना हम जैसे लोगों के बस की बात नहीं थी।

डायरेक्ट सेलिंग के जॉब से मैं ऊब चुका था और कोई दूसरा जॉब ढूँढ रहा था। बहुत कोशिश के बाद भी कोई ठीक ठाक दूसरी जॉब नहीं मिल रही थी। सब जगह इंगलिश बोलने वालों की ज़रूरत थी। एक दो जगह इंगलिश बोलना ज़रूरी नहीं था तो वहाँ अपना बाइक होना चाहिए था। मेरे पास ना तो बाइक थी ना चलाना आता था। मुझे साइकिल चलानी भी नहीं आती थी, तो बाइक कहाँ से चला पता, वो भी दिल्ली जैसी भीड़-भाड़ वाली जगह में? कभी कभार मैं अपने गाँव में साइकिल चलाया करता था, लेकिन बिल्कुल खुले में। भीड़-भाड़ वाली जगह में मुझे साइकिल से उतर जाना पड़ता था। बाइक तो मैंने कभी चलाना सीखा ही नहीं। मेरा एक भतीजा था वेंकटेश। अब इस दुनिया में नहीं हैं। बाइक से उसका एक्सीडेंट हो गया। वह भी होटल मैनेजमेंट करके दिल्ली आकर जॉब कर रहा था। उसने नई बाइक ली थी। उसने भी कोशिश किया था कि मैं बाइक चलाना सिख लूँ। लेकिन मैंने कोशिश ही नहीं किया। मुझे डर लगता था। आज भी मैं बाइक नहीं चला सकता हूँ। घर में दोनों बच्चों के पास अलग अलग बाइक है, लेकिन मैं नहीं चला पाता।

एक दिन मैं तिलक नगर मार्केट किसी कस्टमर को अपना प्रोडक्ट दिखाने जा रहा था कि मेरी नज़र एक घड़ी की दुकान के बाहर लगी एक बैनर पर चली गई। बैनर एक घड़ी की कंपनी की थी। बैनर में लिखा था- ''सेल्स एग्जीक्यूटिव चाहिये''. पता न्यू लाजपत राय मार्केट, चाँदनी चौक, दिल्ली का लिखा था। मैंने पता नोट कर लिया और अगले दिन पहुँच गया उस पते पर। वहाँ मिस्टर चंदन मिले। उनकी न्यू लाजपत राय मार्केट में घड़ी की बड़ी सी होलसेल की दुकान थी। उन्होंने अपने दो और दोस्तों के साथ मिलकर घड़ी की एक कंपनी

खोली थी। नाम था- इंडिया वॉचेज प्राइवेट लिमिटेड। ब्रांड का नाम था- लेटेक्स।

चंदन जी हमसे बहुत देर बातकरते रहे, बहुत कुछ पूछा। एमबीए के बारे में, मेरे घर परिवार के बारे में, बिहार के बारे में, मेरे काम के बारे में। उन्हें ना इंगलिश बोलने वाला चाहिए था ना बाइक वाला। उन्हें बस एक एसा सेल्समैन चाहिए था जो दिल्ली से 2500 किलोमीटर दूर बंगाल और नॉर्थ ईस्ट में उनकी कंपनी के लिए सेल्समैन का काम कर सके, जिसे उन जगहों में जाकर काम करने में डर ना लगे, जो 15-20 दिन टूर कर सके। मैं तुरंत तैयार हो गया। जब मैं बिहार से 1000 किलोमीटर चल कर जॉब की तलाश में दिल्ली आ गया था तो दिल्ली से चलकर बंगाल और आसाम जाना मेरे लिए कोई मुश्किल नहीं था। मेरा सिलेक्शन हो गया। कंपनी के डायरेक्टर चंदन जी ने कहा, "बिहारी लोग बहुत मेहनती, ईमानदार और पढ़े लिखे होते हैं। दिल्ली के लोग बेकार ही उन्हें बदनाम करते हैं।"

-:-   -:-   -:-

मेरी पहली हवाई यात्रा
मई 1996

अब मेरा डायरेक्ट सेलिंग का काम बंद हो गया था। मेरी दिनचर्या भी बदल गई थी। मुझे अब सुबह ज़्यादा जल्दी उठना नहीं पड़ता था। इंडिया वॉचेज में मेरी ड्यूटी सुबह 11 से शाम 7 बजे तक की थी। मैं खुश था। वहाँ मेरी सैलरी थी 2500 रुपये, कमीशन नहीं था। चंदन जी ने कहा था कुछ दिन में सैलरी बढ़ा देंगे। 15-20 दिनों तक मैं इंडिया वॉचेज के ऑफिस जाकर घड़ियों के बारे में जानकारी लेता रहा। यह मेरे लिए नया प्रोडक्ट था। इसलिए बहुत गौर से घड़ियों की क्वालिटी, डिज़ाइन, प्राइस एवम् पैकेजिंग को समझता रहा। बीच-बीच में चन्दन जी मुझे घड़ी के बारे में डिटेल से बताते रहते थे .

12-15 दिनों में मैंने घड़ी के बारे में बहुत कुछ सीख लिया। अब मैं टूर पर जाने को तैयार था। लगभग 20 दिनों के बाद टूर पर जाने के लिए मेरा प्रोग्राम फिक्स किया गया। पहला टूर प्लान बना सिलीगुड़ी का, जो नॉर्थ बंगाल में आता है। कलकत्ता के बाद सिलीगुड़ी बंगाल का दूसरा सबसे बड़ा शहर है, इसे गेटवे ऑफ़ नार्थ ईस्ट भी कहा जाता है। कंपनी की तरफ़ से सिलीगुड़ी जाने के लिए ट्रेन से एनजेपी (न्यू जलपाई गुड़ी) का टिकट कराया गया। टिकट स्लीपर क्लास का था और ट्रेन की जर्नी 30 घंटे की थी। मैं फिर भी बहुत खुश था। टूर पर जाने का मेरे जीवन का पहला अनुभव था। मैंने अपना सामान सूटकेश में भरा और निश्चित तिथि को ट्रेन में बैठ गया।

दो रात और एक दिन के सफ़र के बाद मैं सिलीगुड़ी पहुँच गया। उसी दिन फ्लाइट से कंपनी के डायरेक्टर चंदन जी भी सिलीगुड़ी पहुँच गए। दो दिनों तक हम दोनों सिलीगुड़ी में डिस्ट्रीब्यूटर के साथ मीटिंग करके प्लानिंग किया कि

नार्थ बंगाल में कंपनी के प्रोडक्ट्स की मार्केटिंग कैसे करनी है। हम लोग कुछ डीलर से भी मिले।

अगले दिन रात की ट्रेन से हम दोनों को असम की राजधानी गुवाहाटी जाना था। लेकिन पिछली रात बिहार के कटिहार और किशनगंज में इतनी ज़्यादा आँधी तूफ़ान आया था कि बहुत सारे पेड़ उखड़कर रेलवे ट्रैक पर गिर गए, जिससे ट्रेनों का आवागमन ठप पड़ गया था। रेलवे की सूचना के अनुसार ट्रैनों का परिचालन तीन चार दिनों तक नहीं होना था।

सिलीगुड़ी में हम लोगों का काम ख़त्म हो गया था। अब हम लोग सिलीगुड़ी में बिना काम के ज्यादा दिनों तक नहीं रुक सकते थे। इसलिए चंदन जी ने ट्रेन का टिकट कैंसिल करा दिया और टैक्सी लेकर बागड़ोगरा एयर पोर्ट के लिये चल दिये। मैंने ट्रेन का सफ़र तो बहुत किया था। लेकिन फ्लाइट का सफ़र कभी नहीं किया था। यहाँ तक कि फ्लाइट भी नज़दीक से नहीं देखा था।

चन्दन जी एयरपोर्ट जाने के रास्ते में मुझसे पूछे, "अशोक जी, आपने कभी फ्लाइट का सफ़र किया है ?"

मैं बोला, "नहीं सर। मैं तो केवल ट्रेन की यात्रा किया है।"

चन्दन जी बोले, "चलिए आज हम आपको फ्लाइट का सफ़र करा देते हैं। हम फ्लाइट से गुवाहाटी जाएंगे।"

यह मेरे लिए किसी सपने के सच होने जैसा था। मैंने कभी सपने में भी नहीं सोचा था कि मैं कभी फ्लाइट में भी सफ़र करूँगा। मैं बहुत रोमांचित था। जीवन में पहली बार फ्लाइट का सफ़र कर रहा था। वह भी पहली नौकरी में।

हम दोनों फ्लाइट में बैठ गए। मुझे तो जरा भी विश्वास नहीं हो रहा था कि मैं फ्लाइट से सफ़र कर रहा हूँ। मेरी तो जैसे लॉटरी लग गई थी। हम केवल 45

मिनट में सिलीगुड़ी से गुवाहाटी पहुँच गए थे, जो ट्रेन से लगभग 10-12 घंटे का सफ़र था।

चंदन जी मेरे साथ लगभग 4-5 दिन गुवाहाटी (आसाम) में रहे। इस बीच हम लोग एक दिन मेघालय की राजधानी शिलांग भी गए। उसके बाद वे वापस दिल्ली आ गए। मैं वहाँ लगभग 12-15 दिन और रहा और डिस्ट्रीब्यूटर के साथ असम के अलग-अलग शहरों में डीलर बनाने के लिए विजिट किया। फिर वापस दिल्ली आ गया, ट्रेन से ही।

-:-   -:-   -:-

दांगी टाइम्स इंडस्ट्रीज
अगस्त 1996

इंडिया वॉच में मैं केवल चार महीने ही जॉब कर सका था। अगले महीने मैं फिर असम टूर पर गया। इन दो महीनों में लगभग 8-10 डीलर बन गए थे। डीलर को घड़ियाँ गुवाहाटी के डिस्ट्रीब्यूटर से सप्लाई होतीं थीं। इंडिया वॉच कंपनी बिल्कुल नया था। लोगों को कंपनी और प्रोडक्ट पर भरोसा नहीं था। कुछ डीलर तो एडवांस पैसे देने को राज़ी हो गए थे, लेकिन अधिकतर डीलर ने क्रेडिट की माँग की। लोग नया ब्रांड पर रिस्क लेना नहीं चाहते थे। गुवाहाटी डिस्ट्रीब्यूटर को भी इंडिया कंपनी पर भरोसा नहीं था, इसलिए उसने भी डीलर को क्रेडिट देने से मना कर दिया।

चंदन जी ने डीलर को क्रेडिट देने के लिए डिस्ट्रिब्यूटर को समझाने का काफ़ी प्रयास किया। वे डिस्ट्रीब्यूटर को क्रेडिट देने को तैयार थे, लेकिन डिस्ट्रीब्यूटर आगे क्रेडिट देने को तैयार नहीं हुआ। उसे डर था कि अगर डीलर को क्रेडिट दे दिया और डीलर से पैसे नहीं आए तो वह फँस जाएगा। डीलर से पैसे आए या नहीं आए, उसे कंपनी को पैसे देने पड़ेंगे। इस ऊहापोह में एक महीना और निकल गया। उसके बाद मैं टूर पर नहीं गया।

इसी बीच एक दिन अख़बार में जॉब्स के कॉलम में एक विज्ञापन देखा। दांगी टाइम्स इंडस्ट्रीज़ लिमिटेड को सेल्स एक्ज़िक्यूटिव्स की ज़रूरत थी, वो भी घड़ियों की कंपनी थी। अगले दिन मैं दांगी टाइम इंडस्ट्रीज़ के ऑफिस पहुँच गया, जो दरियागंज, दिल्ली में स्थित था।

दांगी टाइम इंडस्ट्रीज़ लिमिटेड घड़ियाँ बनाने वाली भारत की सबसे पुरानी और बड़ी कंपनी थी। इसकी स्थापना 1966 में हुई थी। इसकी दो मैन्यूफ़ैक्चरिंग

यूनिट साहिबाबाद (यूपी) में थी- एक साइट 4 में और दूसरा जीटी रोड पर। उस वक्त दांगी टाइम इंडस्ट्रीज़ लिमिटेड, जो दांगी वॉच के नाम से घड़ियाँ बनाती थी, भारत की सबसे पॉपुलर ब्रांड थी। उसी साल 1966 में ही भारत सरकार की वॉच बनाने वाली एकमात्र कंपनी एचएमटी की भी स्थापना हुई थी।

दांगी इंडस्ट्रीज में मेरा इंटरव्यू कंपनी के मार्केटिंग मैनेजर श्री अंकित जी ने लिया। कंपनी को बंगाल और असम के लिए सेल्स़ एग्जीक्यूटिव की ज़रूरत थी। पूरे देश में कंपनी के सेल्स एग्जीक्यूटिव थे, लेकिन बंगाल और असम के लिए कोई सेल्स एग्जीक्यूटिव नहीं मिल रहा था। नार्थ इंडिया के लोग उस एरिया में जाने से डरते थे।

मेरा चार महीने घड़ियाँ सेल्स का अनुभव था। साथ ही बंगाल और असम में भी काम कर चुका था। इसलिए मेरा सिलेक्शन तुरंत हो गया। कुछ ज़्यादा पूछताछ नहीं हुई। मुझे सैलरी दी गई रू 3000 महीने महीना। मैं खुश था। कंपनी काफ़ी पुरानी थी। इस कंपनी से लोग परिचित थे, क्योंकि यह एक पॉपुलर ब्रांड था।

इंटरव्यू के दिन ही कंपनी से ऑफर लेटर मिल गया। जॉइन करने के लिए मुझे एक हफ़्ते का समय दिया गया था। मैं अगले दिन ही इंडिया वॉच के ऑफिस गया और रिजाइन कर दिया। चंदन जी ने भी रोकने की कोशिश नहीं की। अब मेरे पास कोई जॉब नहीं थी। एक को मैंने रिजाइन कर दिया था और दूसरे को एक हफ्ते बाद जॉइन करना था। उसी शाम मैं महाबोधि एक्सप्रेस ट्रेन पकड़ा और अपने ससुराल अमझोर (बिहार) के लिए निकल गया।

मेरी शादी को लगभग तीन साल हो गए थे। शादी के वक्त मेरी वाइफ़ रीना पटना में रहकर बीएससी (ऑनर्स) कर रही थी और मैं एमबीए का फाइनल

एग्जाम दे चुका था। बीएससी (ऑनर्स) के बाद भी वह एमएससी करने के लिए पटना में ही रह गई और मैं एमबीए के बाद जॉब के लिए दिल्ली आ गया था। एमएससी के एग्जाम के साथ ही उसका सिलेक्शन केंद्रीय विद्यालय, अमझोर में कॉन्ट्रैक्ट टीचर में हो गया था, जहां उसके पापा मैनेजर थे। इसलिए वह पटना से अमझोर चली गई थी।

मैं अमझोर पहुँचकर अपने फादर इन लॉ को बोला की मैं रीना को ले जाने आया हूँ। फिर यह भी बताया कि पहले वाली कंपनी छोड़ दिया है और जाकर एक दूसरी कंपनी जॉइन करनी है। यह जानकर वे थोड़े चिंतित हुए और बोले, "अभी कोई जॉब नहीं है, फिर क्यों ले जा रहे हैं ? कुछ दिन सैटल हो जाइए फिर ले जाइएगा।"

मैं नहीं माना। तीन चार दिन बाद रीना को लेकर दिल्ली आ गया।

मैंने दांगी इंडस्ट्रीज जॉइन कर लिया था। जॉइनिंग के एक हफ्ते के बाद मुझे 15 दिनों के प्रोडक्ट ट्रेनिंग के लिए शाहीबाबाद फैक्ट्री भेजा गया। मैं प्रतिदिन कंपनी के बस से फैक्ट्री जाता और शाम को वापस घर आ जाता। मैंने पहली बार इतनी तरह की घड़ियाँ देखी थी। इस समय बैटरी ऑपरेटेड (क्वार्ट्ज़) घड़ियाँ बहुत कम बनती थी। अधिकतर मैन्युअल घड़ियाँ बनती थी, जिसे 24 घंटे में एक बार चाबी देनी पड़ती थी और अगर 24 घंटे में चाबी नहीं दिया तो वह बंद हो जाती थी। एक दूसरे प्रकार की ऑटोमैटिक घड़ियाँ होती थी, जिसे 24 घंटे में कम से कम 5-7 घंटे हाथ में बांधनी होती थी। यह हाथ के मूवमेंट से चलती थी। इसे अगर एक दो दिन नहीं पहना तो यह बंद हो जाती थी।

-:-　　-:-　　-:-

वेस्टर्न टॉयलेट एवं पेजर
दिसंबर 1996

मेरी पारिवारिक पृष्ठभूमि ग्रामीण एवं निम्न वर्गीय थी और मैं गाँव में पला बढ़ा था. मेरी प्रारंभिक शिक्षा भी गाँव के सरकारी स्कूल में हुई थी। मेरे घर में इंडियन टॉयलेट था, फिर भी घर की महिलाओ को छोड़कर सब लोग टॉयलेट के लिए बाहर खेतों में ही जाया करते थे। मैं भी बाहर ही जाता था। कभी कभार इमरजेंसी में या रात के समय ही मैं घर के टॉयलेट में जाता था। जब से मैं दिल्ली आया तो मेरे किराए के घर में और पुराने दोनों ऑफिस में इंडियन टॉयलेट ही था, जिसे उपयोग में कोई परेशानी नहीं थी। दांगी इंडस्ट्रीज के ऑफिस में इंडियन टॉयलेट नहीं था, वेस्टर्न टॉयलेट था। वेस्टर्न टॉयलेट मैंने कभी यूज़ नहीं किया था। इंडियन टॉयलेट में तो हम पिछवाड़ा धोने के लिए मग का इस्तेमाल करते हैं. लेकिन मुझे नहीं पता था कि वेस्टर्न टॉयलेट में इसी काम के लिए जेट स्प्रे लगा होता है या हेल्थ फ़ौसेट का इस्तेमाल करते हैं.

एक दिन की बात है। ऑफिस में मुझे टॉयलेट जाने की ज़रूरत हुई। मुझे किसी से पूछने में हेज़िटेशन (हिचक) हो रही थी कि पिछवाड़ा धोने के लिये पानी कहाँ से निकलता है. मैंने टॉयलेट यूज़ किया और पिछवाड़ा धोने के लिए मग का इस्तेमाल कर लिया. फ़र्श पर पूरा पानी बिखर गया। मैंने फ्लश किया और साबुन से हाथ धोकर ऑफिस में आकर बैठ गया।

ऑफिस में एक लड़की काम करती थी, पायल। दिल्ली की पली बढ़ी, तेजतर्रार, बात बात पर लड़नेवाली। मेरे बाद वह टॉयलेट गई। टॉयलेट के फ़र्श पर पानी बिखरा देखकर उसका पारा सातवें आसमान पर चढ़ गया। वह

दनदनाते हुए आयी और बोली- "टॉयलेट कौन गया था? सारा पानी फ़र्श पर बिखेर दिया है। गवाँर, बिहारी कहीं का।"

दिल्ली में लोग 'बिहारी' बोलकर गाली देते हैं। दिल्ली में ' बिहारी ' शब्द एक गाली है। मैं कुछ नहीं बोला। चुपचाप सुनता रहा। बोलने का मतलब था, मैं दोषी हो जाता।

एक और दिलचस्प कहानी है पेजर की। यह मोबाइल के आने के पहले की घटना है। उस वक्त तक मोबाइल नहीं आया था। केवल लैंडलाइन थी। किसी से बात करने के लिए पीसीओ तक जाना पड़ता था। उस समय कम्युनिकेशन का एक नया इंस्ट्रूमेंट आया था- पेजर। पेजर से बात चीत नहीं होती थी, केवल संदेश भेजा जाता था।

मार्केटिंग में कॉर्पोरेट सेल्स के लिए एक लड़की थी- राखी। वह प्रेजेंटेशन देने और ऑर्डर लेने कॉर्पोरेट क्लाइंट्स के पास जाती थी। कंपनी ने राखी को एक पेजर दिया था, जिससे कि वह इमरजेंसी में क्लाइंट्स को या ऑफिस में मेसेज भेज सके। पेजर में एकतरफ़ा कम्युनिकेशन होता था, मेसेज केवल भेजा जा सकता था। मेसेज का जवाब पेज़र से नहीं आता था।

एक दिन की बात हैं। मैं मार्केटिंग के कुछ साथियों के साथ दांगी इंडस्ट्रीज़ के ऑफिस में बैठे गप कर रहे थे। आपस में चर्चा चली कि देखा जाए कि पेज़र कैसे काम करता है। राखी फील्ड में थी। सबों के कहने पर मैंने राखी के पेजर पर एक मेसेज भेज दिया- "कृपया ऑफिस आ जाओ"।

कुछ देर बाद हमें लगा कि मेसेज ग़लत चला गया है। अगर वह कोई इम्पोर्टेंट काम से गई होगी और उसे छोड़कर वापस ऑफिस आ गई तो सबकी सामत आ जाएगी। सबको डाँट पड़ेगी। फिर हमसब ने डिसाइड किया और मैंने दुबारा मेसेज भेज दिया- "ऑफिस आने की ज़रूरत नहीं है"।

दूसरे दिन जब वह ऑफिस आई तो गुस्से में भड़की हुई थी। मुझे खूब खरी खोटी सुनाई। अनपढ़, गवाँर, बिहारी; पता नहीं क्या उपाधि दे डाली। मैं चुपचाप सुन लिया। गलती मेरी थी। लेकिन उस गलती के एवेज में मुझे उस दिन मार्केटिंग के सभी स्टाफ को कोल्ड ड्रिंक पिलानी पड़ी, तब जाकर मामला शांत हुआ।

-:- -:- -:-

गुवाहाटी में सल्फ़ा से सामना
जून 1997

दांगी इंडस्ट्रीज में मुझे लगभग दो साल हो गये थे। इन दो सालों में मैं कई बार बंगाल, असम और बिहार का टूर कर आया था। उस समय कंपनी के पूरे ईस्ट और नार्थ ईस्ट इंडिया के एक डिस्ट्रीब्यूटर थे - वेस्ट बंगाल ट्रेडिंग कंपनी, जिसका ऑफिस राधा बाज़ार स्ट्रीट, कोलकत्ता में था। उसके मालिक मिस्टर चटर्जी थे, जो कंपनी के शुरूआत से ही दांगी घड़ियाँ का वितरण करते थे। मैं उन्हीं के एरिया में सेल्स प्रमोशन के लिए अपॉइंट हुआ था। उस एरिया में किसी और को डायरेक्ट मटेरियल सप्लाई करने की इजाज़त नहीं थी।

एक दिन मैं ऑफिस में बैठा था। गुवाहाटी से एक आदमी आया और असम का डिस्ट्रीब्यूटर बनने की बात करने लगा। उस आदमी का नाम था महेश डेका। असम मेरे एरिया में आता था इसलिए उस आदमी को मेरे पास भेजा गया। उसकी बात सुनने के बाद मैंने साफ़ मना कर दिया कि नार्थ ईस्ट में कंपनी किसी को डिस्ट्रीब्यूटर नहीं बना सकती। वो एरिया कोलकत्ता वाले डिस्ट्रीब्यूटर के अंतर्गत आता है। उसने बोला कि उसके पास दस हज़ार दीवार घड़ियों के ऑर्डर हैं, जो शिक्षा विभाग के ऑपरेशन ब्लैकबोर्ड के अन्तर्गत असम के सरकारी स्कूलों में सप्लाई करना है। दस हज़ार दीवार घड़ी एक बड़ी संख्या थी। इसलिये मैंने एमडी से बात किया. पहले तो उन्होंने भी मना कर दिया। फिर मान गए। महेश डेका को असम का डिस्ट्रीब्यूटर बना दिया गया। उसने हमसे दीवार घड़ी ख़रीदा और असम सरकार के शिक्षा विभाग को सप्लाई कर दिया।

महेश देका सल्फा (सरेंडर अल्फ़ा) का सदस्य था। अल्फ़ा असम राज्य का एक नक्सलवादी संगठन था। अल्फ़ा का जो सदस्य सरेंडर करके मुख्य धारा में शामिल हो जाता था उसे सल्फा कहा जाता था। सल्फ़ा को तत्कालीन असम सरकार पुनर्वास के लिए काफ़ी मात्रा में पैसा देती थी। महेश डेका को भी असम सरकार ने काफ़ी पैसा दिया था. वह बॉक्सिंग एसोसिएशन के असम यूनिट का प्रेसिडेंट भी था।

दो तीन महीने बाद महेश डेका ने दांगी रिस्ट वॉच का भी डिस्ट्रीब्यूशन ले लिया था। उसके लिए उसने गुवाहाटी के फैंसी बाज़ार में एक बढ़िया सा ऑफिस बनाया और एक मैनेजर रख लिया। मैं उसके मैनेजर के साथ असम के सभी प्रमुख शहरों में मार्केटिंग किया। महेश डेका ख़ुद डिस्ट्रीब्यूशन का काम नहीं देखता था। उसके पास समय ही नहीं था।

कुछ समय तक सब कुछ ठीक चलता रहा। वह कंपनी को पैसे समय पर देते रहा। लेकिन बाद में उसके पैसे मार्केट में फँस गए। उसके मैनेजर ने मार्केट में बहुत सारे डीलर को घड़ियाँ उधार में सप्लाई कर दिया था। जैसी उम्मीद थी उसके अनुसार डीलर के पास से घड़ियाँ आगे नहीं बिक रही थी। इसलिए कुछ समय बाद बहुत सारे डीलर ने पैसे देना बंद कर दिया या मार्केट से पेमेंट आने में देर होने लगी। जब मार्केट से पैसे आने बंद हो गए तो महेश देका ने भी कंपनी को पैसा देना बंद कर दिया। कंपनी को उससे लगभग 5 लाख रुपये लेने थे।

जब कंपनी द्वारा बार-बार पैसे माँगने के बाद भी उसने पैसा नहीं दिया तो एमडी ने मुझे गुवाहाटी जाने को कहा। मैं गुवाहाटी पहुँचकर उसके ऑफिस गया। लेकिन उसके मैनेजर और स्टाफ ने बताया कि वह ऑफिस नहीं आता है। फ़ोन पर भी उसने बात नहीं किया। मैं कई दिनों तक उसके ऑफिस जाकर उसका इंतज़ार करता रहा, लेकिन वह नहीं मिला।

एक दिन मैं उसके मैनेजर से उसके घर का पता लेकर सुबह-सुबह उसके घर चला गया। वह घर पर भी नहीं मिला। उसकी पत्नी मिली। वह बोली कि महेश डेका बाहर गया है। आने पर बता देगी। मैं वापस आ गया।

उसके अगले दिन जब मैं महेश डेका के ऑफिस गया तो वह अपने ऑफिस में मिला। मुझे देखते ही वह मुझपर चिल्लाने लगा। बोला "आप मेरे घर क्यों गए? आपको पता है मैं अल्फ़ा का आदमी हूँ"। वह अपने हाथ में एक छड़ी (डंडा) ले रखा था। छड़ी टेबल पर ज़ोर से मारते हुए उसने बोला "अगर मैं चाहुँ तो आप गुवाहाटी से बाहर नहीं जा सकते। यहाँ पुलिस मेरा है।"

मैं बोला "आप अपने घर में हो। आप यहाँ मेरे साथ कुछ भी कर सकते हो।" मैं डर भी रहा था। अगर मेरे साथ कुछ ग़लत किया तो मैं क्या कर लूँगा। फिर भी मैं हिम्मत करके बोला, "दिल्ली में मैं भी यही बात बोल सकता हूँ। अपने घर में सब शेर होते हैं"।

मैंने एमडी को सारी बात बता दिया। एमडी ने मुझे वापस बुला लिया। एमडी को भी लगा कि वहाँ मेरा रहना मेरे जान को ख़तरा है।

-:-   -:-   -:-

ड्रिंक और सेल्समैनशिप
अक्टूबर 1997

नार्थ ईस्ट के सभी राज्यों में मैंने कभी टूर नहीं किया था. मैं गुवाहाटी के अलावा असम के ज़िला मुख्यालयों तक ही जाता था और कभी-कभी मेघालय की राजधानी शिलांग तक। बाक़ी के 5 राज्य (मणिपुर, नागालैंड, अरुणाचल प्रदेश, मिज़ोरम और त्रिपुरा) में मैं कभी नहीं गया था। उसके दो कारण थे, पहला, वहाँ जाना दुर्गम था। ट्रेन सुविधा नहीं थी। ओवर नाईट बस से जाना होता था, जो मुश्किल भरा था। और दूसरा, वहाँ जाने के लिए इनर लाइन परमिट लेनी पड़ती थी, जो जाने से 3-4 दिन पहले अप्लाई करनी पड़ती थी।

हमारे मार्केटिंग मैनेजर अंकित जी ने कई बार कहा था कि कम से कम एक बार उन राज्यों की राजधानी जाकर वहाँ का मार्केट पता कीजिए। अगर घडियों का मार्केट होगा तो दोबारा जाइए वरना नहीं। इसलिए इस बार मैंने त्रिपुरा की राजधानी अगरतला जाने का प्रोग्राम बनाया। गुवाहाटी से अगरतला का सफ़र बस द्वारा लगभग 20 घंटे का है। इसलिए मैं फ्लाइट से गया।

मैं अगरतला दो दिन के लिए गया। अगरतला में घड़ियों की 2-3 अच्छी दुकाने थी, जिसमें एक ने डीलर बनने की इच्छा जतायी और ऑर्डर भी दे दिया।

इसी समय गुवाहाटी में एक और पार्टी से गवर्नमेंट सप्लाई की बात चल रही थी, जिसका नाम था किशोर डे। बातचीत में मैंने उसे बताया था कि मैं अगरतला जा रहा हूँ और वहाँ से वापस आकर गुवाहाटी में उससे मिलूँगा। किशोर डे ने कहा कि ठीक है। फिर उसने बताया कि उसके फ्रेंड का एक होटल है। वह मेरे लिए रूम बुक कर देगा। मैंने उसे मना किया कि मैं होटल ख़ुद बुक

कर लूँगा, लेकिन वह नहीं माना और एक होटल में मेरे लिए रूम बुक कराकर मुझे डिटेल भेज दिया।

अगले दिन गुवाहाटी पहुँचकर मैं उस होटल में गया। वह होटल मेरे बजट के बाहर का था। फिर भी मैं रुक गया, वरना कंपनी की इमेज ख़राब हो जाती। मैंने सोचा था कि अगले दिन होटल बदल दूँगा। मैं अगरतला से गुवाहाटी आकर होटल में शाम को लगभग 6 बजे पहुँच गया था। कुछ देर बाद फ्रेश होकर लगभग 7 बजे मैंने खाना खा लिया और आराम करने लगा. गुवाहाटी में दिल्ली की अपेक्षा लगभग 1.5 घंटे पहले शाम हो जाती है और उतनी ही जल्दी सूर्योदय।

लगभग 8:00 बजे रूम का कॉल बेल बजा। मैंने सोचा इतनी रात को कौन हो सकता है, शायद होटल का वेटर होगा। सोचकर मैंने दरवाज़ा खोला तो चौंक गया। देखा, किशोर डे दरवाजे पर खड़ा था। उसके हाथ में एक पॉलीथिन की थैली थी। उसके साथ एक आदमी और भी था। मैंने पूछा, "इतनी रात को कैसे आना हुआ? हमारी मीटिंग तो कल है।"

वह बोला "मीटिंग के लिए नही आया हूँ।" फिर थैला दिखाते हुए बोला "सोचा आप अकेले होंगे, साथ में थोड़ा ड्रिंक कर लेंगे। मैंने होटल वाले को चिकन और स्नैक्स का ऑर्डर दे आया हूं।"

मैं बोला "लेकिन मैं तो ड्रिंक करता नहीं। मेरे से पूछ लिया होता" वह मेरा मुँह देखने लगा। उसे विश्वास ही नहीं हुआ था।

सेल्समैन के ख़ान-पान और रहन-सहन में कुछ ख़ास विशेषताएँ होती हैं जो औरों से उन्हें अलग करती है। 98% सेल्समैन ड्रिंक और स्मोकिंग करते हैं। उनका मानना है कि कस्टमर या क्लाइंट्स के साथ ड्रिंक करने या स्मोकिंग करने से रिलेशनशिप और गहरी होती है और बिज़नेस बढ़ता है। सेल्स मीटिंग

या बिज़नेस मीटिंग ड्रिंक और स्मोकिंग से ही शुरू होती है। सेल्स कांफ्रेंस या कोई भी डीलर डिस्ट्रीब्यूटर मीटिंग बिना ड्रिंक के संभव नहीं है। ऐसे में जो सेल्समैन ड्रिंक और स्मोकिंग नहीं करते हैं उन्हें अनप्रोफेशनल माना जाता है। उन्हें अन्मैच्यूर्ड (अपरिपक्व) समझा जाता है और प्रमोशन में भी उसका नंबर बाद में आता है। गुटका और पान मसाला का प्रयोग करना सेल्समैन का दूसरा महत्वपूर्ण योग्यता होती है।

-:- -:- -:-

डायरेक्टर की बेटी की शादी
फ़रवरी 1998

दांगी इंडस्ट्रीज के डायरेक्टर मिस्टर राजीव की बेटी की शादी थी। राजीव जी ने दिल्ली में रहने वाले सभी सेल्स स्टाफ और बहुत सारे डिस्ट्रीब्यूटर को शादी में आने के लिए निमंत्रित किया था। कंपनी के कुछ ख़ास गिने चुने डिस्ट्रीब्यूटर में कलकत्ता के डिस्ट्रीब्यूटर वेस्ट बंगाल ट्रेडिंग कंपनी के मालिक श्री चैटर्जी भी थे। इनका डायरेक्टर के साथ पारिवारिक संबंध था। शादी में शामिल होने वो भी आए थे। उनके स्वागत के लिए विशेष रूप से मुझे हिदायत दी गई थी क्योंकि कोलकत्ता मेरे एरिया में आता है।

डायरेक्टर की बेटी की शादी में शामिल होने के लिए मैं बहुत रोमांचित और उत्साहित था। दिल्ली में आने के बाद मैंने कभी कोई शादी अटेंड नहीं किया था। क्योकि यहाँ मेरे कोई रिश्तेदार नहीं रहते थे। मैंने अपने गाँव समाज की शादी देखी थी। लेकिन दिल्ली जैसे शहर में किसी कंपनी के मालिक की बेटी की शादी मैंने नहीं देखा था। दिल्ली में आते जाते बड़े मैरिज हॉल या मैरिज गार्डन में बड़े घर की शादी की भव्यता बाहर से ज़रूर देखी थी।

मैंने अपने सभी दोस्तों को पहले ही बोल दिया था कि डायरेक्टर की बेटी की शादी में मुझे भी निमंत्रण मिला है। मुझे शादी में जाना है। मैं ख़ुशी से इतरा रहा था। मेरे पास कोट पेंट नहीं था। फिर भी मेरे पास जो सबसे बढ़िया कपड़े थे, उसे पहनकर जाने की प्लानिंग एक हफ्ते पहले ही कर रखा था। मेरे दोस्त मुझसे जलने लगे थे।

शादी के दिन नियत समय पर शादी स्थल पर जाने के लिए मैं निकल गाया था। उस वक्त मेरे पास कोई बाइक या कार नहीं थी। बसों में ट्रैवल करता था।

लगभग 1.5 घंटे के सफ़र के बाद मैं शादी स्थल के पास बस से उतर गया। बस स्टैंड से शादी स्थल लगभग 5-7 मिनट का पैदल रास्ता था। मैं रोमांचित और उत्साहित तेज चलते हुए शादी स्थल पहुँच गया। लेकिन ये क्या, शादी स्थल पर पहुँचकर मेरा सारा जोश ठंडा पड़ गया। शादी स्थल बहुत ही विशाल पंडाल में बना हुआ था। प्रवेश द्वार को महल की तरह सजाया गया था। पूरा पंडाल रंग बिरंगी रोशनी में नहाया हुआ था। प्रवेश द्वार पर लंबी मूँछों वाले लंबे चौड़े पहरेदार (सिक्योरिटी गार्ड) खड़े थे। लोग महँगी महँगी गाड़ियों में शादी में शामिल होने के लिए प्रवेश द्वार से अंदर जा रहे थे। सभी आगंतुक अतिथियों के स्वागत के लिए कुछ लोग खड़े थे. एकआध लोग बाइक से भी अंदर जा रहे थे। लेकिन पैदल कोई भी अंदर नहीं जा रहा था।

बहुत देर तक मैं शादी स्थल से कुछ दूर खड़ा रहा, लगभग एक घंटे तक। मुझे अंदर जाने की हिम्मत नहीं हो रही थी। मैं अकेला था और वो भी पैदल। अगर पहरेदार ने गेट पर रोक दिया तो क्या होगा। मैं डर रहा था। मुझे कोई देख ना ले। इसलिए मैं उस जगह पर खड़ा था, जहाँ रोशनी कम थी। मेरे पास शादी का कार्ड भी नहीं था। डायरेक्टर साहेब ने शादी में आने के लिए मौखिक निमंत्रण दिया था। लगभग एक घंटे के बाद मैं वापस घर जाने के लिए बस स्टैंड की तरफ़ चल पड़ा। रात में बसें कम चलती थीं। आधे घंटे इंतज़ार के बाद मुझे घर जाने के लिए बस मिल गई। रात 10.30 बजे के लगभग मैं घर पहुँच गया। उस रात मुझे भूखे ही रहना पड़ा, क्योंकि मेरे लिए घर में खाना नहीं बना था।

अगले दिन कोलकत्ता के डिस्ट्रीब्यूटर चैटर्जी भाई ने पूछा, "अशोक आप शादी में क्यों नहीं आए?"

मैंने बोला, "कोई ज़रूरी काम आ गया था।"

-:-   -:-   -:-

दांगी इंडस्ट्रीज ने एक कंसलटेंट अपॉइंट किया था, जिनका नाम था मिस्टर दिनेश चौधरी। मिस्टर चौधरी को कंपनी के खर्चे को कम करने और बिज़नेस बढ़ाने के तरीके बताने के लिए रखा गया था। मिस्टर चौधरी को मार्केटिंग और सेल्स का कोई अनुभव नहीं था। वे पेपर प्लानिंग और प्रेजेंटेशन में एक्सपर्ट थे। वे मैनेजमेंट को खुश करने में माहिर थे।

मिस्टर चौधरी ने कंपनी जॉइन करते ही सारे डिपार्टमेंट की अलग-अलग मीटिंग लेना शुरू कर दिया। सारे डिपार्टमेंट हेड और उनके सहयोगी कर्मचारीयों को ट्रेनिंग और सेमिनार अटेंड करने को कहा गया। ट्रेनिंग और सेमिनार के बाद सबों को पढ़ने के लिए स्टडी मटेरियल दिया गया। बाद में उस स्टडी मटेरियल और ट्रेनिंग में पढ़ाये गये टॉपिक्स पर प्रश्न भी पूछे जाते। किसी को इसकी आदत नहीं थी और ना कोई फिर से क्लास में बैठकर स्टूडेंट की तरह पढ़ना चाहता था। इस ट्रेनिंग प्रोग्राम से उनके काम भी प्रभावित हो रहे थे। अधिकतर कर्मचारी इस तरह के ट्रेनिंग प्रोग्राम से असहज महसूस करने लगे। कुछ ने तो दबे स्वर में विरोध भी करना शुरू कर दिया था। लेकिन मैनेजमेंट के ख़िलाफ़ किसी को भी खुलकर बोलने की हिम्मत नहीं थी। ट्रेनिंग के बाद सारे डिपार्टमेंट के हेड को एक वर्क शीट और चार्ट शीट दिया गया था, जिसमें लिखा था कि वर्किंग प्लेस में कर्मचारियों को क्या करना है और क्या नहीं करना है (व्हाट टू डू एंड व्हाट नोट टू डू.)। मिस्टर चौधरी का मानना था कि इससे वर्कर की एफिशिएंसी (कार्यकुशलता) बढ़ जायेगी।

ये ट्रेनिंग प्रोग्राम और सेमिनार मार्केटिंग एवं सेल्स के बाद फैक्ट्री वर्कर्स को भी दिया गया। मिस्टर चौधरी के कामों से मार्केटिंग डायरेक्टर इतने प्रभावित हुए कि बाद में उन्हें कंपनी का मार्केटिंग हेड बना दिया था। इसके पहले मार्केटिंग हेड मिस्टर अंकित थे। अब ये अंकित सर के कामों में भी अड़ंगा

लगाने लगे। धीरे धीरे मार्केटिंग के पुराने रीजनल मैनेजर, एरिया मैनेजर और सेल्स एग्जीक्यूटिव एक एक कर कंपनी छोड़ने लगे और वे सब कंपीटिटर्स कंपनी को जॉइन कर लिया। कुछ को कंपनी ने नोटिस देकर निकाल दिया था।

कंपनी का बिज़नेस बहुत तेज़ी से गिरने लगा था। मिस्टर अंकित भी अपने फ़ैमिली के साथ दुबई शिफ्ट हो गए। मैंने भी इंटरव्यू देना शुरू कर दिया था।

-:- -:- -:-

सेल्स क्या है
जुलाई 1998

पिछले हफ़्ते मैंने नई जॉब्स के लिए कई इंटरव्यू दिये थे। लेकिन कहीं भी मेरा सिलेक्शन नहीं हुआ। कुछ जगह तो इंग्लिश ठीक से नहीं बोलने के कारण और कुछ जगह सेल्स और मार्केटिंग टॉपिक्स पर इंटरव्यूअर को सही जबाब नहीं दे पाने के कारण। इसलिए आज शाम को घर आते ही मैं मार्केटिंग की अपनी किताब निकालकर बैठ गया। मैं सेल्स एंड मार्केटिंग टॉपिक्स को रिवाइज करने लगा।

मैंने पढ़ना शुरू किया। क्या आपने कभी सोचा है कि आपका पसंदीदा पिज्जा बर्गर, आपकी स्टाइलिश जूते या यहां तक कि आपकी सुबह की अखबार आपके पास कैसे पहुंचती है? इसका जवाब है– सेल्स । हर एक प्रोडक्ट या सर्विस जो हम इस्तेमाल करते हैं, उसके पीछे एक कुशल सेल्समैन या सेल्सपर्सन की मेहनत होती है। सेल्स को हिंदी में बिक्री कहते हैं।

सरल शब्दों में सेल्स एक गतिविधि है जिसके द्वारा कोई व्यक्ति या कंपनी किसी प्रोडक्ट या सेवा को कस्टमर को बेचती है। इसमें कस्टमर की जरूरतों को समझना, उन्हें कंपनी के ऑफ़र के बारे में जानकारी देना, कस्टमर के शंकाओं का समाधान करना और अंत में उन्हें खरीदने के लिए राजी करना, ये सभी सेल्स में शामिल है।

किसी सौदे को पूरा करना सिंगल स्टेप प्रोसेस (एक-चरणीय प्रक्रिया) नहीं है, जैसा कि कुछ लोग सोचते होंगे। पैसे के बदले में कस्टमर को सामान या सेवाएँ बेचने में काफी समय, प्रयास और उचित रणनीति की आवश्यकता होती है।

हर कोई अच्छा सेल्समैन नहीं बन सकता और सेवा में मूल्य नहीं जोड़ सकता। एक अच्छा सेल्समैन बनने, उपयोग करने और सौदे बंद करने के लिए विशेष स्किल की आवश्यकता होती है। सेल्स (बिक्री) में दो महत्वपूर्ण लोग होते हैं- सेल्समैन और कस्टमर।

सेल्स के प्रकार और इसे फाइनल करने के लिए आवश्यक ज़रूरतें इस बात पर निर्भर करती हैं कि यह किस तरह का सेल्स है। किसी सेल्स पर्सन को अपने करियर को आगे बढ़ाने के लिए विभिन्न प्रकार की सेल्स के बारे में जानना चाहिए। सेल्स में विभिन्न प्रकार के दृष्टिकोण और तकनीक शामिल होती हैं जो उपयुक्त स्थितियों या ग्राहकों की ज़रूरतों के हिसाब से बनाई जाती हैं। नीचे सेल्स के कुछ प्रकार दिए गए हैं, जो इस प्रकार है:

1. बी 2 बी सेल्स: बी 2 बी का मतलब है बिजनेस-टू-बिजनेस सेल्स। यह उन कंपनियों के बीच सेल्स है जो अपने प्रोडक्ट्स या सर्विसेज दूसरी कंपनियों को देती हैं। ऐसी सेल्स में व्यक्तिगत कस्टमर शामिल नहीं होते। एक व्यक्ति खरीदार या एक व्यक्ति विक्रेता हो सकता है, लेकिन वे क्रमशः अपनी कंपनी के लिए सौदा करने के लिए काम कर रहे हैं। इन मामलों में सौदे ज़्यादा महत्वपूर्ण होते हैं, इसलिए मूल्य और शर्तें ज़्यादा जटिल होती हैं। B2B बिक्री के तीन अलग-अलग उपप्रकार हैं:

- सप्लाई सेल्स: व्यवसाय माल और सेवाएँ प्रदान करके राजस्व उत्पन्न कर सकते हैं। ऐसी वस्तुएँ और सेवाएँ अन्य कंपनियों की ज़रूरत का हिस्सा होती हैं।

- डिस्ट्रीब्यूशन सेल्स: थोक विक्रेताओं को बेचना, जो अंतिम उपभोक्ताओं को बेचते हैं, वितरण सेल्स कहलाती है।

- सर्विस सेल्स: अमूर्त या डिजिटल सेवाओं की सेल्स, वे किसी अन्य उद्यम (परामर्शदाता या सॉफ्टवेयर) के संचालन के लिए अभिन्न अंग हैं।

2. बी 2 सी सेल्स: B2C सेल्स एक कंपनी और एक व्यक्ति के बीच एक लेनदेन है। यह व्यवसाय-से-ग्राहक सेल्स का संक्षिप्त नाम है। इन सौदों का आम तौर पर कम आर्थिक मूल्य होता है, बंद होने में कम समय लगता है और कम जटिलता होती है। उदाहरण के लिए, ई-कॉमर्स प्लेटफ़ॉर्म B2C प्रकार का व्यवसाय है। B2C बिक्री के मामले में, लेन-देन ब्रांड और कीमत के बारे में अधिक होता है। यह इस बात पर भी निर्भर करता है कि विक्रेता भावनात्मक रूप से ग्राहकों को उत्पाद कितनी अच्छी तरह से पेश कर सकता है।

3. ऑनलाइन सेल्स: ऑनलाइन सेल्स, जिसे ईकॉमर्स सेल्स के रूप में भी जाना जाता है। वर्तमान समय में सेल्स के सबसे परिचित रूपों में से एक है। पता चलता है कि 61% सेल्स प्रक्रिया ऑनलाइन शुरू होती है। जबकि अधिकांश सेल्स प्रक्रिया संभावित ग्राहकों को प्रभावित करने के लिए कम से कम दो साल तक ऑनलाइन की जाती है। इसके लिए, कस्टमर प्रोस्पेक्टिव कंपनी की वेबसाइट पर जाने के लिए इंटरनेट का उपयोग करते हैं। साइट का डिज़ाइन अच्छा होना चाहिए, ताकि कस्टमर को गुड फील हो। ऑनलाइन विक्रय प्लेटफॉर्म का डिजाइन भी ऐसा होना चाहिए कि वह ग्राहकों के सभी प्रश्नों का समाधान कर सके तथा उत्पादों के बारे में आवश्यक जानकारी आसानी से उपलब्ध हो। यह सेल्स का एक किफ़ायती तरीका है क्योंकि इसमें कोई मध्यस्थ शामिल नहीं होता। यदि आप अपने ब्रांड को सही समूह में रखने, उचित क्षेत्र विभाजन करने और सही दर्शकों को लक्षित करने पर ध्यान केंद्रित करते हैं तो यह मददगार होगा।

4. रेफरल सेल्स: रेफरल सेल्स मौजूदा कस्टमर को अपने मित्रों, परिवार के सदस्यों, सहकर्मियों या परिचितों को रेफर करने के लिए प्रोत्साहित करके मौखिक मार्केटिंग का लाभ उठाती है, जिन्हें आपकी पेशकश से लाभ हो सकता है। मौजूदा ग्राहक आपके ब्रांड के समर्थक बन जाते हैं, अपने सकारात्मक अनुभव और सिफ़ारिशें साझा करते हैं। रेफ़रल प्रोग्राम आम तौर पर उन ग्राहकों को छूट, पुरस्कार या विशेष ऑफ़र जैसे प्रोत्साहन प्रदान करते हैं जो नए ग्राहकों को सफलतापूर्वक रेफ़र करते हैं।

5. मनोवैज्ञानिक दबाव वाली सेल्स: उच्च दबाव वाली सेल्स का मतलब है किसी सौदे को पूरा करने के लिए कस्टमर पर मनोवैज्ञानिक दबाव डालना। यह एक मजबूर निर्णय लेने की प्रक्रिया है जो एक अनैतिक प्रथा है। कंपनियाँ अपने पोर्टफोलियो को भरने और बेहतर इन्वेंट्री नियंत्रण हासिल करने के लिए इस प्रक्रिया का उपयोग करती हैं। यह उत्पादन क्षमता बढ़ाने में मदद करता है और सेल्सपर्सन को प्रोत्साहन के साथ पुरस्कृत करता है। यह त्वरित सेल्स प्राप्त करने का एक तरीका है, लेकिन यह टिकाऊ नहीं है क्योंकि यदि आप खराब कस्टमर अनुभव प्रदान करते हैं तो खरीदार दोबारा खरीदारी नहीं करेंगे।

6. सोशल सेलिंग: सोशल सेलिंग एक तकनीक है जिसमें आप अपनी सेल्स की संख्या बढ़ाने के लिए ब्रांड चैनल और सोशल मीडिया का उपयोग करते हैं। सोशल सेलिंग में ग्राहक इंटरैक्शन बहुत ज़रूरी है। सोशल सेलिंग एक ट्रेडिंग सेल्स एग्रीमेंट स्ट्रेडजी है, जो संबंध बनाने, सोशल प्रॉस्पेक्टिंग और नियमित रूप से बातचीत करने के बारे में है। जैसे, कोका-कोला ऐसी बोतलें प्रदान करता है जिनका उपयोग आप अपने जीवन में विशेष घटनाओं को याद करने के लिए कर सकते हैं। यह उपभोक्ताओं को अपनी बोतलों को

कस्टमाइज़ करने का विकल्प भी प्रदान करता है जिसे वे सोशल मीडिया प्लेटफ़ॉर्म पर साझा कर सकते हैं।

7. चैनल सेल्स: चैनल सेल्स में डिस्ट्रीब्यूटर, होल सेलर, रिटेल सेलर जैसे तीसरे पक्ष के मध्यस्थों के माध्यम से प्रोडक्ट्स या सर्विसेज बेचना शामिल है। यह दृष्टिकोण कंपनियों को इन मध्यस्थों के मौजूदा नेटवर्क और ग्राहक आधार का लाभ उठाकर अपनी पहुँच का विस्तार करता है। चैनल पार्टनर सेल्स प्रक्रिया में विभिन्न भूमिकाएँ निभाते हैं।

8. डायरेक्ट सेल्स: डायरेक्ट सेल्स, सेल्स के सबसे सामान्य प्रकारों में से एक है, जहाँ आप खुदरा चैनलों या बिचौलियों का उपयोग किए बिना सीधे ग्राहकों को अपनी प्रोडक्ट्स या सर्विसेज़ बेचते हैं। इस तरह आप व्यक्तिगत संबंध स्थापित करने, प्रोडक्ट्स डिस्ट्रीब्यूट करने और सेल्स को बढ़ने में मदद करने के लिए संभावित ग्राहकों तक पहुँचते हैं।

9. इनसाइट सेलिंग: यह सेल्स की एक स्ट्रैटेजी है जो कस्टमर की आवश्यकताओं, प्राथमिकताओं और संतुष्टि को प्रत्येक बातचीत में सबसे आगे रखता है। यह पारंपरिक सेल्स तकनीकों से अलग है, जहां कस्टमर की व्यक्तिगत जरूरतों पर विचार किए बिना उत्पाद या सेवा पर जोर दिया जाता है। कस्टमर केंद्रित सेल्स पद्धति यह स्वीकार करती है कि प्रत्येक कस्टमर अद्वितीय है और व्यक्तिगत सेल्स अनुभव को महत्व देता है। इस प्रकार की सेल्स में अत्यंत कुशल सेल्समैन शामिल होते हैं।

10. सॉल्यूशन सेल्स (समाधान बेचना): "अपने प्रॉडक्ट्स के लिए कस्टमर मत खोजिए, बल्कि अपने कस्टमर के लिए प्रोडक्ट्स और सर्विसेज़ खोजिए"- सेठ गोडिन।

सॉल्यूशन सेल्स आपके प्रोडक्ट्स या सर्विसेज़ आपके कस्टमर की समस्याओं के सॉल्यूशन के रूप में होना चाहिये। यह आपके प्रोडक्ट्स की विशेषताओं पर कम और आपके कस्टमर के जीवन को आसान बनाने के तरीके पर अधिक जोर देता है। सॉल्यूशन सेल्स का सफलतापूर्वक उपयोग करने के लिए, आपकी सेल्स टीम को अच्छी तरह से समझाने की क्षमता होनी चाहिए और निर्णय लेने की प्रक्रिया के माध्यम से कस्टमर को निर्देशित करने के लिए सलाहकार के रूप में कार्य करना चाहिए।

10. कॉलेबोरेटिव सेलिंग (सहयोगात्मक विक्रय): सहयोगात्मक विक्रय या साझेदारी विक्रय में आपके और आपके साझेदार के बीच घनिष्ठ सहयोग शामिल होता है, ताकि आप अपने ग्राहकों को सर्वोत्तम समाधान प्रदान कर सकें और एक-दूसरे को अपने सेल्स टार्गेट्स को प्राप्त करने में सहायता कर सकें। सहयोगात्मक सेल्स आपको सेल्स सर्किल को बढ़ाने और तेज़ करने में मदद कर सकती है। यह आपको व्यवसाय के विकास की संभावनाओं को स्पष्ट रूप से समझने में भी मदद कर सकती है। सहयोगात्मक बिक्री का उद्देश्य एक बार के सौदों को दीर्घकालिक साझेदारी से बदलना है। वे रणनीतिक गठबंधनों की तरह काम करते हैं।

12. इनबाउंड सेल्स: इनबाउंड सेल्स एक कस्टमर केंद्रित सेल्स स्ट्रैटेजी है, जो उन संभावित ग्राहकों के प्रति प्रतिक्रिया व्यक्त करने और उनसे जुड़ने पर केंद्रित है जिन्होंने पहले ही आपके उत्पाद या सेवा में रुचि दिखाई है। यह रुचि पूछताछ, वेबसाइट विज़िट या मार्केटिंग सामग्रियों के साथ जुड़ाव के माध्यम से प्रदर्शित की जा सकती है। इनबाउंड बिक्री प्रतिनिधियों का लक्ष्य इन संभावित ग्राहकों की ज़रूरतों और प्राथमिकताओं को समझना है, उन्हें सही निर्णय लेने में मदद करने के लिए प्रासंगिक जानकारी प्रदान करना है। उदाहरण के लिए, एक ब्लॉग पेज आपके आगंतुकों को वांछित कार्रवाई करने के लिए

प्रोत्साहित करने का सबसे अच्छा तरीका है क्योंकि वे पहले से ही आपकी कंपनी के बारे में जानते हैं। आप उन्हें अपने ईमेल न्यूज़लेटर के लिए साइन अप करने के लिए कह सकते हैं या अपने ब्लॉग पेज पर सुविधाजनक स्थान पर ये विकल्प रखकर अपने उत्पाद को निःशुल्क आज़माने के लिए कह सकते हैं।

13. **फ्लैश सेल्स:** फ्लैश सेल एक ईकॉमर्स स्टोर द्वारा थोड़े समय के लिए दी जाने वाली छूट या प्रमोशन है। मात्रा सीमित होती है, जिसका अर्थ अक्सर यह होता है कि छूट सामान्य प्रचारों की तुलना में अधिक या अधिक महत्वपूर्ण होती है। समय सीमा और सीमित उपलब्धता उपभोक्ताओं को मौके पर ही खरीदारी करने के लिए प्रेरित करती है- जिसे आवेगपूर्ण खरीदारी भी कहा जाता है। इस प्रकार की बिक्री दीर्घकालिक संबंध बनाने के बजाय सौदों को जल्दी से पूरा करने के लिए अल्पकालिक बिक्री रणनीतियों पर केंद्रित होती है। लेन-देन संबंधी बिक्री B2C ट्रेडों का एक घटक है, लेकिन इसका उपयोग कभी-कभी B2B बिक्री में भी किया जा सकता है।

14. **आउटबाउंड सेल्स:** आउटबाउंड सेल्स वह जगह है जहाँ आप सक्रिय रूप से संभावित ग्राहकों की पहचान करते हैं और उन्हें लीड में बदलने के लिए उन तक पहुँचते हैं।

15. **परामर्शी सेल्स:** परामर्शी सेल्स एक ऐसी तकनीक है जो कस्टमर की ज़रूरतों, चुनौतियों और लक्ष्यों को समझने और उन मुद्दों को संबोधित करने वाले अनुरूप समाधान प्रदान करने के महत्व पर ज़ोर देती है। हम सभी जिस आक्रामक सेल्समैन से नफ़रत करते हैं, उसके बजाय परामर्शी सेल्स में विश्वास का निर्माण करना, सही सवाल पूछना और खुद को समस्या समाधानकर्ता और विश्वसनीय सलाहकार के रूप में स्थापित करना शामिल है। सलाहकार ज़्यादातर कुछ क्षेत्रों के विशेषज्ञ होते हैं। वे विषय विशेषज्ञ होते हैं जिन्हें किसी

खास क्षेत्र में अच्छी मात्रा में ज्ञान होता है। इनमें शिक्षा, लेखा, मानव संसाधन, बिक्री प्रबंधन, विपणन और इंजीनियरिंग शामिल हो सकते हैं। सलाहकार दो श्रेणियों में आते हैं, एक सलाहकार जो कंपनी के भीतर काम करता है और दूसरा जो बाहर से काम करता है। कंपनी के भीतर एक सलाहकार अपनी विशेषज्ञता के बारे में अन्य विभागों को सलाह देता है।

16. इनसाइड सेल्स (आंतरिक बिक्री): इनसाइड सेल्स व्यक्तिगत बिक्री पर निर्भर रहने के बजाय, कार्यालय-आधारित वातावरण के भीतर से दूरस्थ रूप से सेल करने की प्रथा है। अक्सर डिजिटल संचार चैनलों का उपयोग करते हुए, जैसे फोन कॉल, ईमेल, वीडियो कॉन्फ्रेंसिंग और ऑनलाइन चैट। इनसाइड सेल्स प्रतिनिधि किसी कंपनी के कार्यालय या किसी दूरस्थ स्थान से अपनी बिक्री का संचालन करते हैं। इनसाइड सेल्स का पालन करने वाले संगठन अधिक सुव्यवस्थित हैं। इस सेल्स स्ट्रैटेजी ने आधुनिक तकनीक और ग्राहकों से वर्चुअली जुड़ने की क्षमता के साथ प्रमुखता प्राप्त की है।

14. आउटसाइड सेल्स (बाहरी बिक्री): आउटसाइड सेल्स से तात्पर्य ऐसी सेल्स से है जो केवल कार्यालय की जगह तक सीमित नहीं होती। आउटसाइड सेल्स के कर्मचारी अपने परिवेश में संभावित कस्टमर से मिलने के लिए यात्रा करते हैं। इस तरह की सेल्स को अक्सर फ़ील्ड सेल्स कहा जाता है। बाहरी सेल्सपर्सन अक्सर कम क्लाइंट्स से डील करते हैं। वे जो डील मैनेज करते हैं, वे ज़्यादा जटिल होते हैं और उन्हें रणनीति की ज़रूरत होती है, इससे उन क्लाइंट्स के साथ उनके रिश्तों पर असर पड़ता है। इसके अलावा, तकनीकी प्रगति के कारण बाहरी सेल्स के कुछ हिस्सों को दूर से भी संभाला जा सकता है। फिर भी, इस भूमिका में सेल्सपर्सन को कम समय में क्लाइंट तक पहुंचने के लिए तैयार रहना चाहिए।

सेल्स की किताब पढ़ते हुए समय का पता ही नहीं चला कि कब 9.30 बज गए. जब पत्नी ने खाने के लिए आवाज दी तो समय का पता चला. मैंने किताब बंद किया और खाना खाने चला गया.

लगभग 4-5 इंटरव्यू देने के बाद मुझे मुंबई की एक घड़ी की कंपनी में जॉब मिल गया। कंपनी का नाम था- बेंज़र इंडस्ट्रीज लिमिटेड। यह कंपनी बेंज़र के नाम से घड़ियाँ बनाती थी। इसकी फैक्ट्री गोवा में थी। साउथ इंडिया के हर राज्य में इसकी अपनी ब्रांच ऑफिस था। नार्थ इंडिया में इस कंपनी को अपना मार्केट विस्तार करना था।

-:- -:- -:-

मुंबई की मीटिंग और कमाठीपुरा
अक्तूबर 1999

मुंबई के बेनज़र कंपनी में मैंने दिल्ली का एरिया मैनेजर के पोस्ट पर जॉइन कर लिया। इसका ब्रांच ऑफिस दिल्ली में कुछ दिन पहले ही खुला था। इस कंपनी की प्लानिंग नार्थ इंडिया के हर राज्य में अपना ऑफिस खोलने का था.

पाँच छह महीने के अंदर इस कंपनी ने नार्थ इंडिया के प्रत्येक राज्य में अपना ऑफिस खोल दिया था। यूपी में लखनऊ, हरियाणा में रोहतक, राजस्थान में जयपुर और पंजाब में लुधियाना में कंपनी का ऑफिस काम करने लगा था। हर ब्रांच में ऑफिस स्टाफ और मार्केटिंग स्टाफ भी अपॉइंट हो गये थे।

कंपनी की सेल्स ज़्यादा नहीं थी, फिर भी कंपनी ने हर राज्य में सेल्स ऑफिस और डिपो खोल दिया था। मुझे दिल्ली के बाहर दूसरे राज्यों में भी जाना पड़ता था। एक अच्छी बात यह थी कि कंपनी के जहाँ भी ऑफिस था वहाँ ऑफिस के साथ गेस्ट हाउस भी था, जिससे बाहर से आने वालों को होटल में रुकना नहीं पड़ता था। मुझे कभी रोहतक, कभी लुधियाना, कभी लखनऊ और कभी जयपुर जाना पड़ता था। मैं हमेशा कंपनी के गेस्ट हाउस में ही रुका करता था।

लगभग एक साल बाद कंपनी ने दिल्ली ऑफिस को रीजनल ऑफिस बना दिया था। इसके बाद कंपनी ने एक रीजनल मैनेजर अपॉइंट कर दिया। रीजनल मैनेजर का नाम मिस्टर अमर दास था। मिस्टर दास बंगाली थे और कोलकत्ता के रहने वाले थे। उनकी फ़ैमिली कोलकत्ता में रहती थी। मिस्टर दास दिल्ली के लिये नये थे, इसलिये अधिकतर कामों के लिए वे मुझपर निर्भर रहते थे। उनसे हमारा एक अच्छा दोस्त जैसा रिश्ता बन गया था। वे कोई भी काम मुझसे राय लेकर ही करते थे।

-:- -:- -:-

बेंजर कंपनी का हेड ऑफिस मुंबई में था। उसके जनरल मैनेजर थे मिस्टर अमन सिंह, आर्मी से रिटायर्ड पर्सन, एक दम कड़क। उनका आदेश ना मानने की हिम्मत किसी में नहीं थी। वे कंपनी के प्रोडक्शन और मार्केटिंग के हेड थे। वे हर तीन महीने में सभी सेल्स टीम को स्टेट वाइज मुंबई सेल्स रिव्यू मीटिंग के लिये बुलाते थे। मीटिंग कम, फ़ालतू बात ज़्यादा होती थी। ज्यादातर सेल्सपर्सन को उनकी सेल्स टार्गेट्स पूरा नहीं होने पर वे उनकी जमकर डाँट लगाते थे। मिस्टर अमन को ड्रिंक की आदत थी। मीटिंग के बाद वे सभी सेल्सपर्सन को बार (मधुशाला) ले जाते, फिर सब लोग ड्रिंक करते। अधिकतर सेल्स वाले भी ड्रिंक करते थे, मुझे छोड़कर। मिस्टर अमन सिंह को मालूम था कि मैं ड्रिंक नहीं करता। वे मुझे भी ड्रिंक करने के लिये दबाव डालते। लेकिन मैं साफ़ मना कर देता था। मैं केवल कोल्ड ड्रिंक लेता था। बाद में मुझे पता चला कि मेरे कोल्ड ड्रिंक में थोड़ा बियर डालकर मुझे पिलाया जाता था।

हम सब ट्रेन में बैठकर मीटिंग के लिये मुंबई जाते थे, स्लीपर क्लास में। कुछ महीनों तक तो मीटिंग के लिये मुंबई जाना अच्छा लगता था। मीटिंग में जाने के लिये हम उत्साहित रहते थे, क्योंकि मीटिंग के बाद शाम को हमसब बंबई घूमने निकल जाते थे। लेकिन बाद में बोरियत होने लगी थी। कई बार कोई बहाना बनाकर हम मीटिंग में जाने से बचने का प्रयास भी करते थे।

इसी बीच लखनऊ में एक नया एरिया मैनेजर अपॉइंट हुआ था, मिस्टर रमेश। इस बार मुंबई मीटिंग में वह भी आया था। दो दिनों तक मीटिंग देर शाम 7 बजे तक चलती रही। अगले दिन मीटिंग जल्दी ख़त्म हो गई। शायद जीएम को कहीं जाना था। जीएम के जाने के बाद, मैं और रमेश ऑफिस से जल्दी होटल चले आये। कुछ देर आराम करने के बाद अमर ने पूछा, "अशोक जी, आप कभी नाईटक्लब गये हैं ?"

मैंने कहा "नहीं। मैं कभी नहीं गया हूँ।"

वह बोला "चलिये आज आपको नाईट क्लब दिखाता हूँ।"

मैं कभी नाईट क्लब नहीं गया था। सुना ज़रूर था कि नाईट क्लब में लोग ड्रिंक करते है और लड़कियाँ डांस करती है। मैं बोला "मैं तो ड्रिंक नहीं करता। फिर मैं वहाँ क्या करूँगा"

वह बोला "वहाँ ड्रिंक नहीं करेंगे। केवल घूमकर आ जायेंगे।"

मेरे मन में भी नाईटक्लब देखने की उत्सुकता थी। सोचा देखता हूँ कि नाईट क्लब कैसा होता है। नाईट क्लब जाने के लिये मैं तैयार हो गया।

दिल्ली में नाईट क्लब बहुत कम है या जिधर मैं रहता हूँ उस एरिया में नाईट क्लब नहीं है। लेकिन मुंबई में हमारे होटल के आस पास कई नाईट क्लब थे। हम दोनों पास के एक नाईट क्लब में गए। नाईट क्लब के गेट पर लंबे चौड़े कई मुस्टंड बाउंसर खड़े थे। मैं तो उन्हें देखकर ही डर गया। मैं रमेश से बोला "मैं अंदर नहीं जाऊँगा। तुम चले जाओ।"

वह बोला "डरने की बात नहीं है। चलिए हम हैं ना!"

वह हमें हाथ पकड़कर अंदर ले गया। शायद वह पहले जाता रहा होगा। हम दोनों अंदर गए। अंदर का दृश्य और माहौल बिल्कुल अजीब था। एक बड़ा-सा हॉल था। हॉल में छन छनकर हल्की हल्की रंग बिरंगी रोशनी फैल रही थी, म्यूजिक बज रहे थे, कुछ लड़के लड़कियाँ डांस कर रहे थे, नशे में झूम रहे थे। बहुत सारे लोग सोफा पर बैठकर ड्रिंक भी कर रहे थे।

कुछ देर तक हम दोनों एक किनारे खड़े रहे। मुझे समझ नहीं आ रहा था कि मैं क्या करूँ। मुझे घुटन हो रही थी। एकाएक मैं रमेश का हाथ पकड़ा और उसे

खींचते हुए बाहर आ गया। वह ग़ुस्सा हो गया। बोला "आप बाहर क्यों आ गए ? मैं तो बैठने के लिये जगह ढूंढ रहा था।"

मैं बोला "तुम्हें जाना है तो जाओ, मैं होटल जाता हूँ।"

वह भी दुबारा अंदर नहीं गया। कुछ देर हम यूहीं सड़क पर टहलते रहे। फिर वह बोला "चलिये मैं आपको एक चीज दिखाता हूँ।"

मैं बोला "फिर कोई फ़ालतू जगह मुझे मत ले जाना। मैं नहीं जाऊँगा।"

वह बोला "नहीं। वह फ़ालतू जगह नहीं है। आपको अच्छा लगेगा।"

मैं बोला " ठीक है, चलो।"

हम दोनों कुछ देर सड़क पर चलते रहे। हमें नहीं पता था कि हम कहाँ जा रहे हैं। कुछ दूर चलने के बाद वह बोला "अशोक जी, आप दोनों तरफ़ देखते चलिये। लेकिन रूकियेगा नहीं।"

मैंने देखा सड़क के दोनों तरफ़ लड़कियाँ और महिलाएं बन ठन कर खड़ी थीं। वो लोगों को अपने पास बुलाने का इशारा भी कर रही थी। बहुत सारे लड़के और लोग खड़े होकर या चलते हुए उन्हें देखकर मज़े ले रहे थे। मैं समझ गया। यह रेड लाइट एरिया है। यह मुझे रेड लाइट एरिया में ले आया था। मैं उसपर ग़ुस्सा होने लगा और बोला "यहाँ से चलो। हम वापस चलते हैं।"

वह चलते हुए सामने एक मोड़ दिखाते हुए बोला "उस मोड़ से वापस आ जायेंगे।"

मेरे पास कोई चारा नहीं था। हम दोनों चलते रहे। लेकिन मैंने देखा। रमेश की नज़रें इधर उधर कुछ तलाश रही थी। वह एकाएक एक तरफ़ तेज़ी से जाते हुए बोला" आप उस मोड़ पर रुकिए। मैं कुछ देर में आता हूँ।"

मेरे कुछ बोलने के पहले ही वह एक तरफ़ तेज़ी से बढ़ गया। मैं किंकर्तव्यविमूढ़ हो गया। मुझे समझ नहीं आया कि मैं क्या करूँ। मैं उसके पीछे पीछे जाऊँ या वहीं खड़ा होकर उसका इंतज़ार करूँ या वापस होटल लौट जाऊँ। मैं चलते हुए अगले मोड़ पर पहुँच गया। उस जगह पर रेड लाइट एरिया ख़त्म हो जाता था। मैं लगभग 15-20 मिनट तक उस मोड़ पर खड़ा उसके आने का इंतज़ार करता रहा। जब वह नहीं आया तो एक रिक्शा किया और होटल आ गया। मुझे पैदल आने की हिम्मत नहीं हो रही थी और रास्ता भी ठीक से मालूम नहीं था।

मैं होटल में रात भर रमेश के आने का इंतज़ार करता रहा। वह नहीं आया। सुबह आया। मैंने पूछा तो बोला एक दोस्त के घर चला गया था। बाद में पता चला कि वह मुंबई का कुख्यात रेड लाइट एरिया कमाठीपुरा था।

-:-   -:-   -:-

सैंपल बैग की चोरी
अक्तूबर 1999

बेंज़र कंपनी की मीटिंग के लिये मैं मुंबई में था। साथ में रमेश भी था। रमेश, यूपी का एरिया मैनेजर, वही रमेश जिसने मुझे एक रात पहले कमाठीपुरा रेड लाइट एरिया में ले जाकर छोड़ आया था। मुंबई से रमेश के साथ मुझे भी लखनऊ जाना था। लखनऊ के डिस्ट्रीब्यूटर के साथ एक अर्जेंट मीटिंग थी।

हमारी ट्रेन देर रात लगभग 10 बजे मुंबई के कल्याण स्टेशन से थी। मैं और रमेश मीटिंग के बाद टैक्सी लेकर कल्याण स्टेशन जल्दी आ गये थे। जब हम लोग प्लेटफॉर्म पर पहुँचे तो ट्रेन खड़ी थी। प्लेटफॉर्म पर इके दुक्के लोग ही थे। क्योंकि रात के लगभग 9 बज चुके थे और ट्रेन खुलने में लगभग एक घंटे का समय बाक़ी था। वैसे भी इंडियन कल्चर में समय पर पहुँचना शान के ख़िलाफ़ माना जाता है। इसलिए लोग किसी कार्यक्रम में समय पर नहीं पहुँचते। ट्रेन पकड़ने के लिये भी नहीं। बहुत सारे लोग ट्रेन खुलने के समय भागते हुए दिख जाते हैं। बहुत लोगों की ट्रेन तो केवल कुछ मिनटों के लिये छूट जाती है।

कुछ देर हम दोनों प्लेटफ़ार्म पर यूहीं खड़े रहे। ट्रेन सामने खड़ी थी, लेकिन ट्रेन के डब्बे की लाइट अभी नहीं जल रही थी। इसलिये ट्रेन के डब्बे में अंधेरा था। कुछ देर बाद रमेश बोला, "ट्रेन में खाना ठीक नहीं मिलता है। अभी ट्रेन चलने में एक घंटे की देर है। मैं बाहर से खाना ले आता हूँ"।

मैं बोला, "बाहर जाकर खाना लाने में समय लगेगा। सामान ज़्यादा है। जब ट्रेन के डब्बे की लाइट जल जाएगी तो मैं अकेले सारा सामान ट्रेन में कैसे रखूँगा?"

वह बोला, “सारा सामान अपनी सीट के पास रख देते हैं। आप वहीं बैठ जाइयेगा।”

मैं बोला, “ठीक है।”

फिर हम दोनों ट्रेन के अंधेरे डब्बे में चढ़ गये और अपनी सीट ढूँढने लगे। हम दोनों की सीट साइड वाली बर्थ पर थी, अपर और लोअर बर्थ। हम दोनों ने कुछ सामान लोअर बर्थ पर रख दिया और कुछ अपर बर्थ पर। सोचा लाइट आने पर सारा सामान बर्थ के नीचे रख देंगे।

ट्रेन में अभी इक्के दुक्के लोग ही चढ़े थे और कुछ इधर से उधर जा रहे थे। रमेश खाना लाने चला गया। मैं वहीं अपनी सीट लोअर बर्थ पर बैठ गया।

लगभग 5 मिनट बाद ट्रेन के डब्बे की लाइट जल गई। मैं अपने सामान को सीट के नीचे रखने के लिये जैसे ही उठा, चौक गया। मेरा सैंपल बैग नहीं था। मैंने इसे अपनी ऊपर की बर्थ पर रखा था।

मैं घबरा गया, इधर-उधर चारो तरफ़ देखा। आस पास कोई नहीं था। इधर कोई आया भी नहीं था। एक दो लोग केवल इधर से इधर गये थे। कुछ दूर के केबिन में एक दो लोग बैठे थे। मैं दौड़कर उनके पास गया। बोला मेरा सैंपल बैग चोरी हो गई है। वो भी आश्चर्यचकित रह गये। अभी तो कोई आया ही नहीं है। फिर कौन चोरी कर सकता है।

मैंने इधर इधर सभी जगह देखा। ट्रेन के बाहर भी झांककर देखा। कहीं भी मेरा सैंपल बैग नहीं मिला। मैं थकहार कर अपनी सीट पर बैठ गया। अभी कोई पुलिस या टीटी भी नहीं आया था। मैं किससे शिकायत करता। उस समय मोबाइल भी नहीं होता था। मैं रमेश का इंतज़ार करने लगा।

क़रीब आधे घंटे बाद रमेश खाना लेकर आया। मैंने उसे सारी बात बताई। वो भी घबरा गया। उसने भी इधर उधर काफ़ी ढूँढा। फिर थक हारकर वो भी बैठ गया। हम दोनों को समझ नहीं आ रहा था कि हम क्या करें।

कुछ देर बाद मैं सोचा। जीएम को इन्फॉर्म कर देना चाहिये। अभी ट्रेन चलने में लगभग 20 मिनट का समय था। मैं बाहर निकला। प्लेटफार्म पर कुछ दूरी पर पीसीओ बूथ था। मैं वहाँ गया और जीएम को सारी बात बता दी।

जीएम बोले, “कोई बात नहीं। घबराना मत। टीटी आये तो एफ़आईआर करा देना और सावधानी से जाना।”

जब ट्रेन चली तो टीटी आया। हमने उसे सारी बात बताई। लेकिन वो क्या कर सकता था। केवल फ़ॉर्मेलिटी के लिए एफ़आईआर कर लिया। मुझे पता था और उसे भी कि ट्रेन में चोरी हुए सामान कभी मिलता नहीं है। क्योंकि ट्रेन में चोरी पुलिस और चोरों के मिलीभगत से ही होती है। पुलिस को सब मालूम होता है कि चोर कौन है। शायद चोरी में पुलिस को भी हिस्सा जाता है।

-:- -:- -:-

रीजनल मैनेजर और ड्रिंक का ओवरडॉज दिसंबर 2000

आज रोहतक ऑफिस में मंथली मीटिंग थी। महीने ख़त्म होने के बाद हर ब्रांच में मंथली मीटिंग होती थी। मंथली मीटिंग में इस बार मेरे साथ रीजनल मैनेजर मिस्टर दास भी थे। दिन भर सेल्स टीम के साथ सेल्स रिव्यू मीटिंग चलती रही। दिन में हम लोगों ने होटल से लंच मंगा कर खाया। सेल्स टीम के बाक़ी लोग शाम होने के बाद अपने अपने घर को चल दिये थे. अगले दिन रोहतक में ही एक वेंडर के साथ मीटिंग थी, इसलिए हम लोग रात में वहीं कंपनी के गेस्ट हाउस में रुक गये थे।

मिस्टर दास ड्रिंक के शौक़ीन थे। उन्हें रोज़ ड्रिंक चाहिए थी। दिसंबर का महीना था। सूरज दादा भी जल्दी अपनी रोशनी समेटकर अपने घर को लौट चुके थे। मिस्टर दास शाम को एक बोतल ले आये और अंधेरा होते ही शुरू हो गए, अकेले, क्योकि मैं तो ड्रिंक करता नहीं था। होटल से ही स्नैक्स ले आये थे। लगभग 8 बजे वेंडर का फ़ोन आया कि हम मिलने आ रहे हैं। उसे पता था कि हम लोग गेस्ट हाउस में ही रुके हैं।

मैंने बोला "कल ऑफिस टाइम आइये। अभी हम नहीं मिलेंगे"

वह बोला "सर हम मीटिंग के लिए नहीं आ रहे हैं। यूहीं मिलने आ रहे हैं।"

मैं बोला, "ठीक है। आ जाओ।"

वेंडर लगभग 10 मिनट में ही आ गया। उसके साथ उसका एक और दोस्त था। वह अपने साथ शराब की बोतल और स्नैक्स लेकर आया था। तब तक मिस्टर दास 3-4 पैग ले चुके थे। मैंने मिस्टर दास को मना किया कि अब रहने

दो। आप पी चुके हो। कल पी लेना। लेकिन वे नहीं माने। तीनों बैठ गये और पैग बनाने लगे।

पीने का दौर लगभग 10.30 बजे तक चलता रहा। मैं भी स्नैक्स में उनका साथ देता रहा। उन लोगों का ड्रिंक से और मेरा स्नैक्स से पेट भर गया। किसी ने खाना नहीं खाया। वेंडर और उसका साथी चला गया। मैं और दास भी सोने चले गये। बाहर बहुत ठंड थी।

लगभग 12 बजे मेरी नींद खुली। देखा दास कमरे में ही वॉमिटिंग (उल्टी) कर रहे हैं। पूरे कमरे में बदबू फैल रही थी। मुझे घिन्न आने लगी थी। मैंने दास को बाहर बाथरूम में जाने को बोला। वे बाहर बरामदे में चले गये। बाथरूम बाहर बरामदे में था। उनके कदम सीधे नहीं चल रहे थे। मैं भी कमरे से बाहर निकला। बाहर तेज ठंडी हवा चल रही थी। मैं बाल्टी में पानी भर कर लाया और कमरा साफ़ कर दिया। पानी से धुलने के कारण कमरे में ठंड बढ़ गई थी। कुछ देर मैं भी रज़ाई ओढ़े बैठा रहा। फिर दास को कमरे में आने को बोलकर मैं सो गया। मुझे बहुत ठंड लग रही थी। कुछ देर में मुझे नींद आ गई। तब तक मिस्टर दास बाहर ही थे।

खटपट की आवाज़ सुनकर फिर एक बार मेरी नींद खुली। देखा मिस्टर दास बेड पर ही वॉमिटिंग (उल्टी) कर रहे थे। मेरा ग़ुस्सा सातवें आसमान पर पहुँच गया। मैंने धक्का देकर दास को बेड से नीचे उतार दिया। वे उतरकर बाहर बरामदे में चले गये। मैं उठा और बेडसिट और रज़ाई को बाहर आगंन में फ़ेक दिया। इस बार उल्टी कमरे में नहीं किया था। केवल बेडसिट और रज़ाई को गंदा किया था। फिर भी कमरे में शराब की दुर्गंध फैल ही रही थी।

कुछ देर मैं बेड पर बैठा रहा, फिर अपनी रज़ाई ओढ़कर सो गया। कमरा भी अंदर से बंद कर लिया। बाहर बहुत तेज ठंडी हवा चल रही थी। मिस्टर दास बाहर ही थे।

कुछ देर बाद जब दास का नशा उतरा और ठंड लगने लगी तो कमरे का दरवाज़ा खटखटाने लगे और दरवाज़ा खोलने के लिये आवाज़ लगाने लगे। कुछ देर मैं चुपचाप लेटा रहा। फिर बोला, "दरवाज़ा नहीं खुलेगा। बाहर ही सो जाओ।"

वे बोले, "बाहर बहुत ठंड है। दरवाज़ा खोलिये"

मैं बोला, "दरवाज़ा नहीं खुलेगा। आप फिर उल्टी करोगे"

मैंने दरवाज़ा नहीं खोला। लेकिन वे ज़ोर ज़ोर से दरवाज़ा पीटने लगे और आवाज़ लगाने लगे। मुझे लगा कि पड़ोसी जाग जाएँगे, इसलिये दरवाज़ा खोल दिया। जैसे ही दरवाज़ा खोला, मिस्टर दास मुझे धक्का देते हुए कमरे में दाखिल हो गए। मैं बोला, "आप बेड पर नहीं सोओगे। नीचे ज़मीन पर बेडशिट डालकर सोओगे।"

वे झट से बेड पर लेट गये। मैं ग़ुस्से में था। मैंने मना किया था कि ज़्यादा ड्रिंक मत करो। लेकिन मेरी बात नहीं मानी थी। मैंने उनकी टाँगे पकड़ी और उन्हें घसीटते हुए कमरे के बाहर कर दिया। वे गिड़गिड़ाते रहे "बाहर बहुत ठंड है। मुझे ठंड लग रही है। अब मैं वॉमिटिंग नहीं करूँगा। कमरे में सोने दीजिए।"

मैंने ऑफिस का कमरा खोला। ऑफिस में कुर्सियाँ और टेबल को एक किनारे किया और एक गद्दा नीचे फ़र्श पर डाल दिया। फिर वही रज़ाई ओढ़ने को दे दिया जो कुछ देर पहले मैंने आँगन में फ़ेक दिया था। रज़ाई ज़्यादा गंदा नहीं हुआ था। मिस्टर दास चुपचाप सो गए।

मैं भी गेस्ट रूम के कमरे में गया और सो गया। कमरे में अभी भी शराब की तेज बदबू फैल रही थी। बाहर तेज ठंडी हवा चल रही थी। मुझे कब नींद आ गयी पता ही नहीं चला।

सुबह सफ़ाई वाली आंटी काम करने आई। मैंने उसे बेडशिट दिखाकर बोला, "रात में साहेब की तबियत ख़राब हो गई थी इसलिये वॉमिटिंग (उल्टी) कर दी है। जरा इसे भी साफ़ कर दो"

वह बोली, "ठीक है साहेब"

मैंने उस सफ़ाई वाली आंटी को अलग से कुछ पैसे दे दिए।

-:-   -:-   -:-

मार्केटिंग के पाँच 'पी'
सितंबर, 2002

बेनज़र कंपनी की फैक्ट्री गोवा के मापुसा में थी। अब इसका हेड ऑफिस भी मुंबई से शिफ्ट होकर गोवा आ गया था। अब हमें सेल्स रिव्यू मीटिंग के लिये प्रत्येक तीन महीने के बाद गोवा जाना होता था। गोवा वैसे तो टूरिस्ट प्लेस है। लोग गोवा घूमने और सी-बीच में सनबाथ के साथ ड्रिंक का मज़ा लेने आते हैं। यहाँ सैलानियों का जमघट लगा रहता है। लेकिन अब हमें गोवा आने का कोई उमंग और जोश नहीं रहता था। कारण कि हम जब भी सेल्स रिव्यू मीटिंग में आते पूरा दिन ऑफिस में बैठे रहना होता था, कभी मीटिंग में और कभी मीटिंग के इंतज़ार में। ऑफिस से हमें देर शाम छुट्टी मिलती थी। फिर रात में हम कहाँ घूमने जाते? गेस्ट रूम में आते और खा पीकर सो जाते थे।

अगस्त का महीना था। हेड ऑफिस में ईमेल आया। अगले महीने सभी सेल्स स्टाफ को गोवा में सेमिनार के साथ सेल्स ट्रेनिंग दी जाएगी। सभी ब्रांच मैनेजर को निर्देश दिया गया था कि निर्धारित तिथि के सेमिनार और सेल्स ट्रेनिंग के लिये उस ब्रांच के सभी सेल्स स्टाफ का ट्रेन टिकट बुक करा लें। सेल्स ट्रेनिंग में सेल्स गर्ल्स को भी आने की अनिवार्यता थी।

निर्धारित तिथि को गोवा में सेल्स ट्रेनिंग सह सेमिनार शुरू हुई। पूरे देश के सभी ब्रांच से लगभग 125 सेल्स स्टाफ आए थे। सभी सेल्स स्टाफ को एक थ्री स्टार होटल में ट्विन शेयर बेसिस पर ठहराया गया था यानी एक कमरे में दो लोग। सुबह 8 से 9:30 तक ब्रेक फ़ास्ट का टाइमिंग था। सबों को ठीक 9:45 तक ट्रेनिंग हॉल में आ जाना होता था। 10 बजे से शाम 6 बजे तक स्कूल की तरह ट्रेनिंग का क्लास चलता। बीच में 1:30 से 2 बजे तक लंच ब्रेक होता था

और 4 बजे से 4:15 बजे तक टी ब्रेक। ट्रेनर मुंबई से स्लेशल ट्रेनिंग देने के लिए आए थे. सुना था कि ट्रेनर की फ़ीस एक लाख रुपये रोज़ का था, फ्लाइट टिकट और रहना खाना अलग।

किसी को इस तरह क्लास रूम में बैठने की आदत नहीं थी। सबों को स्कूल कॉलेज छोड़े दशकों बीत चुके थे। लेकिन मजबूरी में सबों को एक अच्छे विद्यार्थी की तरह बैठना पड़ता था, क्योंकि उस क्लास रूम में जीएम और सभी सीनियर्स भी होते थे।

सेमिनार में पढ़ाये गए टॉपिक्स पर ट्रेनर द्वारा कभी कभी प्रश्न भी पूछ लिया जाता था। उस वक्त बहुत ही इंब्रेसिंग (शर्मनाक) पोजीशन हो जाती थी, जब कोई इनके सवालों का जवाब नहीं दे पाता था। कोई भी पढ़ाई लिखाई के मूड में नहीं होते थे। एमबीए क्लास के बाद पहली बार किसी ने फिर से मैनेजमेंट की पढ़ाई करने को मजबूर कर दिया था। आज ट्रेनर ने मार्केटिंग के पाँच 'पी' के बारे में बताया।

उन्होंने बताया कि मार्केटिंग के पाँच 'पी' होते हैं, जो इस प्रकार हैं: प्रोडक्ट्स (उत्पाद), प्लेस (स्थान), प्राइस (मूल्य), प्रमोशन (एडवर्टिजमेंट) और पीपल (लोग)

मार्केटिंग (सेल्स) के पाँच 'पी' प्रोडक्ट्स को एक उपयोगी ढांचा प्रदान करता है, जो सुनिश्चित करता है कि कोई भी बिज़नेस अपने टारगेट्स बाज़ार को समझता है और टारगेट्स ग्राहक को बनाये रखने के लिए ख़ुद को ढालता है। अगर इसमें से कोई भी तत्व ग्राहक को संतुष्ट नहीं करता तो वह प्रोडक्ट सफल नहीं हो सकता। सेल्स (मार्केटिंग) के पाँच पी विपणन मिश्रण (मार्केटिंग मिक्स) रणनीति का अनिवार्य हिस्सा है।

इनमें से प्रत्येक तत्व पर करीब से नज़र डालें:

1. उत्पाद (प्रोडक्ट्स): उत्पाद (प्रॉडक्ट्स) से तात्पर्य उस वस्तु या सेवा से है जो कोई कंपनी अपने ग्राहकों को प्रदान करती है। इसमें भौतिक उत्पाद, पैकेजिंग, ब्रांडिंग, डिज़ाइन, गुणवत्ता, सुविधाएँ और लाभ शामिल हैं। इसका लक्ष्य एक ऐसा उत्पाद तैयार करना है जो टार्गेट्स बाजार की आवश्यकताओं और इच्छाओं को पूरा करे तथा ऐसा अद्वितीय मूल्य प्रदान करे जो उसे प्रतिस्पर्धियों से अलग बनाए। उदाहरण के लिए, कोई कंपनी गुणवत्ता पर ज़ोर देकर अद्वितीय डिज़ाइन पेश करके या बेहतर ग्राहक अनुभव प्रदान करके अपने उत्पाद को अलग बना सकती है।

2. प्लेस (स्थान): स्थान से तात्पर्य उस स्थान से है जहाँ ग्राहक उत्पाद या सेवा खरीद सकते हैं। इसमें डिस्ट्रीब्यूशन चैनल्स, लॉजिस्टिक्स, बाजार कवरेज और सेवा के स्तर शामिल हैं। कंपनी को यह सुनिश्चित करना होगा कि उसका उत्पाद आसानी से सुलभ हो और सही समय और स्थान पर सही लोगों के लिए उपलब्ध हो। उदाहरण के लिए, एक कंपनी अपने उत्पाद को कई चैनलों जैसे कि दुकानों, ऑनलाइन बाजारों या सीधे उपभोक्ता मॉडल के माध्यम से बेच सकती है। कंपनी को इन्वेंट्री प्रबंधन, ऑर्डर पूर्ति और शिपिंग विकल्पों जैसे कारकों पर भी विचार करना पड़ सकता है ताकि यह सुनिश्चित किया जा सके कि उत्पाद ग्राहकों को जरूरत के समय और स्थान पर उपलब्ध हो।

3. मूल्य (प्राइस): मूल्य वह राशि दर्शाता है जो ग्राहक उत्पाद या सेवा के लिए भुगतान करते हैं। इसमें रॉ मटेरियल कॉस्ट, प्रोडक्शन कॉस्ट, प्रॉफिट मार्जिन, मूल्य निर्धारण रणनीति, डिस्काउंट और एडवर्टिजमेंट शामिल है। मार्केटिंग स्ट्रेटजी में ऐसा मूल्य निर्धारित किया जाना चाहिए जो कम्पेटिटिव हो और उत्पाद के मूल्य को दर्शाता हो, साथ ही व्यावसायिक लाभ लक्ष्यों के साथ भी हो। मूल्य निर्धारण इस बात को प्रभावित करता है कि उपभोक्ता आपके सामान को कैसे देखते हैं। यह आपके ब्रांड को सस्ता या प्रीमियम रूप में

स्थापित कर सकता है। उदाहरण के लिए, कोई कंपनी स्कीमिंग मूल्य निर्धारण रणनीति का उपयोग कर सकती है, जहां वे उन ग्राहकों को आकर्षित करने के लिए ऊंची कीमत निर्धारित करते हैं जो किसी अद्वितीय उत्पाद या अनुभव के लिए प्रीमियम का भुगतान करने को तैयार होते हैं। दूसरी तरफ़, वे बाज़ार में एंट्री के लिये मूल्य निर्धारण रणनीति का उपयोग कर सकते हैं, जहां वे बाजार में हिस्सेदारी हासिल करने और मूल्य-संवेदनशील ग्राहकों को आकर्षित करने के लिए कम कीमत निर्धारित करते हैं।

4. प्रमोशन: प्रमोशन से तात्पर्य विभिन्न मार्केटिंग स्ट्रैटजी से है जिसका उपयोग कोई कंपनी अपने उत्पादों या सेवाओं को बढ़ावा देने के लिए करती है। इसमें विज्ञापन, बिक्री प्रचार, जनसंपर्क, व्यक्तिगत बिक्री और डिजिटल मार्केटिंग शामिल हैं। इसका लक्ष्य उत्पाद के बारे में जागरूकता और रुचि पैदा करना और ग्राहकों को खरीदारी करने के लिए राजी करना है। यह सौदा पक्का करने और अपना उत्पाद बेचने की दिशा में एक कदम आगे है। उदाहरण के लिए, कोई कंपनी ब्रांड अवेयरनेस पैदा करने के लिए सोशल मीडिया अभियान चला सकती है, बिक्री को प्रोत्साहित करने के लिए डिस्काउंट दे सकती है या उत्पाद को बढ़ावा देने के लिए किसी सेलिब्रिटी या प्रभावशाली व्यक्ति के साथ साझेदारी कर सकती है।

5. पीपल (लोग): लोग का तात्पर्य उन व्यक्तियों से है जो उत्पाद या सेवा के उत्पादन, वितरण और उपभोग में शामिल हैं। इसमें कर्मचारी, ग्राहक, आपूर्तिकर्ता और भागीदार शामिल हैं। व्यवसाय और ब्रांड अपने आप नहीं चलते। आपको कंपनी और उसके हितधारकों के बीच सकारात्मक संबंध बनाना चाहिए और यह सुनिश्चित करना चाहिए कि सभी की ज़रूरतें और इच्छाएँ पूरी हो रही हैं। उदाहरण के लिए, कोई कंपनी अपने उत्पाद या सेवा की गुणवत्ता सुधारने के लिए कर्मचारी प्रशिक्षण और विकास में निवेश कर

सकती है. वह उत्पाद को बेहतर बनाने और किसी भी मुद्दे या चिंता का समाधान करने के लिए ग्राहक प्रतिक्रिया भी एकत्र कर सकती है।

इस तरह सेल्स और मार्केटिंग के अलग अलग टॉपिक्स पर सेमिनार में ट्रेनर क्लास की तरह सबों को पढ़ाते थे. साथ में बीच बीच में किसी टॉपिक्स पर होम वर्क भी दे दिया करते थे.

शाम को 6 बजे तक सब लोग बिल्कुल थक जाते थे. शायद कंपनी के मैनेजमेंट को पहले से इस बात की चिंता थी. इसलिए कंपनी ने लोगों के मनोरंजन की भी व्यवस्था कर रखी थी। होटल के लॉन में डीजे, माइक और डांस फ्लोर की भी व्यवस्था थी। शाम को ट्रेनिंग सेमिनार खत्म होते ही सभी लोग पहले अपने-अपने रूम में जाते और फ्रेश होकर 7 बजे तक लॉन में आ जाते। लॉन में कुछ लड़के लड़कियाँ डांस फ्लोर पर थिरकने लगते और कुछ वहीं चेयर पर बैठकर डांस और संगीत का मजा लेते। वहीं लॉन में लजीज डिनर की भी व्यवस्था थी।

पाँच दिन के सेमिनार और ट्रेनिंग के बाद एक दिन सबों को गोवा दर्शन की व्यवस्था की गई। सबों को दो लग्ज़री बस में बिठाकर गोवा के विभिन्न बीच (सी बीच) में घूमाया गया, जहाँ सबों ने खूब मजे किये। उसके अगले दिन सब अपने अपने घरों को रवाना हो गए.

-:- -:- -:-

न्यू ईयर पार्टी और हुड़दंग
31 दिसम्बर 2002

मैं हर साल अपने कुछ ख़ास पारिवारिक दोस्तों के साथ न्यू ईयर सेलिब्रेट करता हूँ। इस बार भी एक हफ्ते पहले से ही प्रोग्राम बनना शुरू हुआ। कुछ पारिवारिक दोस्तों के साथ प्रोग्राम बना कि इस बार न्यू ईयर मेरे घर पर ही मनाया जायेगा।

31 दिसम्बर के तीन चार दिन पहले ऑफिस में बात चली कि ऑफिस में न्यू ईयर मनाया जाए। मैं बोला "न्यू ईयर मैंने अपने घर में मनाने का प्रोग्राम बना लिया है।"

मिस्टर दास ज़िद करने लगे कि न्यू ईयर ऑफिस में मनाइये। क्योंकि वे अकेले रहते थे। मैंने बातों ही बातों में बोल दिया की ऑफिस में क्यों, आप भी मेरे घर न्यू ईयर पार्टी में शामिल हो जाइए। पहले उन्होंने मना किया फिर मान गये।

शाम को मैंने अपनी पत्नी से बात किया कि मिस्टर दास जो कंपनी के गेस्ट हाउस में अकेले रहते हैं, उन्हें भी न्यू ईयर पार्टी में इन्वाइट कर लेते हैं। पहले तो उसने भी मना कर दिया और बोली कि हम लोग तो केवल अपने पारिवारिक दोस्तों को ही बुलाया है। फिर समझाने पर वह मान गई।

मैंने मिस्टर दास और दिल्ली में रहने वाले दोनों सेल्समैन को भी न्यू ईयर पार्टी में शामिल होने के लिये बोल दिया।

दिसंबर की सर्दियों में शाम जल्दी हो जाती है। दिन से ही ठंडी हवा चल रही थी। हफ़्ते भर से सूर्य के दर्शन नहीं हुए थे। पिछले दिन बारिश भी हुई थी। सुबह भी बुंदा-बूंद हुई थी। ठंड बहुत ही ज़्यादा बढ़ चुकी थी। इसलिए न्यू ईयर के

प्रोग्राम की टाइमिंग 8 बजे शाम को रखा गया। लगभग 8.30 बजे गेस्ट आने लगे थे। बच्चे सबसे पहले आए। बच्चों को किसी पार्टी में जाने की कुछ ज़्यादा ही उत्साह और उमंग होती है। 9 बजे तक धीरे-धीरे अधिकतर गेस्ट आ चुके थे। केवल हमारे ऑफिस से कोई नहीं आया था।

आए हुए सभी बच्चों और गेस्ट को स्नैक्स और सॉफ्ट ड्रिंक सर्व किया जा चुका था। स्नैक्स ख़त्म करने के बाद बच्चे म्यूजिक के धुन पर डांस रहे थे। दस बज चुके थे। बच्चों के साथ बच्चों की कुछ मम्मियाँ भी थिरक रही थी।

मेरी पत्नी बोली, "आप अपने ऑफिस वालों से पुछिये वे लोग कब आयेंगे?"

मैंने मिस्टर दास को फ़ोन लगाया। वे बोले, "बस हम लोग अभी निकल रहे हैं।"

मैं बोला, "ठीक है!"

मेरे घर से ऑफिस की दूरी दो किलोमीटर थी। उन्हें आने में मुश्किल से 10 मिनट लगते। ऑफिस वालों का इंतज़ार करते-करते 11 बज गये। बहुत सारे बच्चे और बड़े भी डिनर कर चुके थे, कुछ कर रहे थे। पत्नी के कहने पर मैंने फिर मिस्टर दास को फिर फ़ोन किया। वे बोले "पंकज नीचे गया है, जैसे ही आयेगा हम निकल जायेंगे।"

मैं समझ गया। वे लोग अभी ऑफिस से निकले भी नहीं हैं। उनकी बातों से ये भी लगा कि वे लोग ड्रिंक कर रहे हैं। सबको बहुत बुरा लग रहा था। मैं भी उन लोगों को इन्वाइट करके पछता रहा था।

रात लगभग 11:40 बजे बाहर मेरा नाम लेकर किसी के पुकारे जाने की आवाज़ सुनाई दी। मैंने ध्यान से सुना। मिस्टर दास की आवाज़ थी। वे मेरा नाम लेकर पुकार रहे थे। वे दिन में मेरे साथ कई बार मेरे घर आ चुके थे। लेकिन

रात के अंधेरे में शायद उन्हें मेरा घर नहीं मिल रहा था, क्योंकि बिजली चली गई थी और बाहर अंधेरा था. वे कन्फर्म होना चाह रहे थे कि मेरा घर कौन सा है।

उनकी आवाज़ से पता चला कि वे सब हैवी ड्रिंक किये हुए थे। मेरी पत्नी पहले ही ग़ुस्से में थी। उनके ड्रिंक करके आने से मेरा भी पारा गर्म हो गया। मैं बाहर नहीं गया। मैंने अपने दो तीन दोस्तों को बाहर भेजा और उन्हें डाँट कर भगाने को बोल दिया। मेरे दोस्त बाहर जाकर डाँटते हुए बोले, "किसे ढूँढ रहे हो?"

मिस्टर दास ने पूछा, "अशोक जी का घर यही है?"

मेरे दोस्त बोले, "नहीं। ये किसी अशोक जी का घर नहीं है। तुम सब तुरंत यहाँ से चले जाओ। नहीं तो पुलिस बुला दूँगा कि तुम लोग दारू पीकर हुड़दंग कर रहे हो।"

वे सब डर गये। कुछ दूर जाकर खड़े हो गये और मुझे फ़ोन करने लगे। मैंने फ़ोन नहीं उठाया। अगले दिन मिस्टर दास ने शर्मिंदगी के साथ माफ़ी माँग ली थी।

-:- -:- -:-

बेंजर कंपनी का पतन
जुलाई 2004

बेंजर कंपनी में मैं लगभग 6 साल रहा। कंपनी का बिज़नेस दिन प्रति दिन घट रहा था। चर्चा आम होने लगी थी कि कंपनी का मैनेजमेंट अब घड़ियों के बिज़नेस से निकलने का प्लान बना रहा है। उनका मेन फोकस एक्सपोर्ट के बिज़नेस पर था। फिर बाद में पता चला कि कंपनी कंस्ट्रक्शन फील्ड में आ रही है।

15 जुलाई को कंपनी के एचआर से एक ईमेल आया कि हर ब्रांच के सीनियर को एमडी के साथ एक अर्जेंट मीटिंग के लिए बैंगलोर जाना है। नार्थ ज़ोन के दिल्ली ब्रांच में मैं ही सीनियर था। वित्तीय गड़बड़ी के कारण मिस्टर दास को कंपनी बहुत पहले निकाल चुकी थी।

नियत तिथि को बैंगलोर के होटल ताज में एमडी एवं अन्य सभी सीनियर के साथ मीटिंग हुई। मीटिंग में जीएम नहीं थे। शायद वे भी कंपनी छोड़ चुके थे। उस मीटिंग में दिल्ली के मिस्टर सबरवाल भी शामिल थे। मिस्टर सबरवाल भी घड़ियों और इलेक्ट्रॉनिक्स के बिज़नेस में थे। उस मीटिंग में बताया गया कि कंपनी अपना बेंज़र ब्रांड मिस्टर सबरवाल को बेच दिया हैं। अब इस कंपनी का ओनरशिप मिस्टर सबरवाल के पास है। सबरवाल इसके मालिक हैं। यह मीटिंग इसी के लिए बुलाया गया है।

बेंजर कंपनी का ऑफिस बंद हो गया। मिस्टर सबरवाल ने अब एक अलग ऑफिस खोल लिया था, दिल्ली के मोती नगर में. अब कंपनी का सारा मैनेजमेंट दिल्ली से होने लगा। टॉप मैनेजमेंट में मिस्टर सबरवाल और उनकी वाइफ थी, जो मार्केटिंग का सारा काम देखती थी।

बेंजर कंपनी में अब प्रोफेशनलिज़्म खत्म हो गया था। मिस्टर सबरवाल और उनकी वाइफ चापलूसी को तरजीह देने लगी थी। काम के बदले अब खुशामदी ने जगह ले ली थी, जिससे सेल्स के काम में समर्पित लोगों में निराशा और उपेक्षा की भावना आ गयी थी। धीरे-धीरे सेल्स के पुराने और सीनियर लोग एक-एक कर छोड़ने लगे। इसी वक्त मो हसन ने कंपनी जॉइन किया। वह किसी दूसरी कंपनी में मेरा जूनियर हुआ करता था। वह चापलूसी करने में माहिर था। चापलूसी से वह किसी को भी अपने फेवर में कर सकता था। उसने आते ही मिस्टर सबरवाल और उनकी पत्नी को चापलूसी के साथ इंप्रेस कर लिया था। मो हसन की बात को या उसकी राय को मिस्टर समरबाल तुरंत मान लेते थे।

मो. हसन ने बेंज़र जॉइन करने के कुछ ही महीने बाद अपने भाई के नाम पर एक फर्म खोल लिया और यू पी का डिस्ट्रीब्यूशन ले लिया। डिस्ट्रीब्यूशन के लिए उसने कम्पनी को कुछ थोड़े पैसे दिए थे और बाक़ी माल क्रेडिट पर ले लिया था।

5-6 महीने बाद मैंने बेंजर छोड़ दिया। बाद में पता चला कि मो. हसन ने मिस्टर सबरवाल को कई करोड़ का चुना लगाकर चल दिया था।

-:- -:- -:-

सेल्समैन और उनके टॉप टेन क्वालिटी नवंबर 2004

आज़ संडे है. मैं अपने कमरे में कोई फाइल ढूँढ रहा था कि मेरे हाथ मार्केटिंग की एक किताब लग गई। इतने सालों बाद उसे फ़िर से पढ़ने की इच्छा हुई। कुछ देर तक मैं यूहीं किताब के सारे पन्ने को पलटते रहा। फिर सेल्समैन और उनके टॉप टेन क्वालिटी टॉपिक्स पर रुक गया। मैं इस टॉपिक्स को पढ़ने लगा। लिखा था-

सेल्समैन वह व्यक्ति होता है जो रिटेल या डायरेक्ट कस्टमर को अपना प्रोडक्ट्स, गुड्स और सर्विसेज़ बेचता है। सेल्समैन प्रोस्पेक्टिव कस्टमर को प्रोडक्ट्स, गुड्स या सर्विसेज़ की विशेषताओं, लाभों और संभावित उपयोगों के बारे में जानकारी देकर उन्हें प्रोडक्ट्स और सर्विसेज़ खरीदने के लिए राजी करने के लिए जिम्मेदार होता है। एक अच्छे सेल्समैन के निम्नलिखित टॉप 10 क्वालिटी होते हैं:

1. प्रोडक्ट नॉलेज (उत्पाद का ज्ञान): एक सेल्समैन को अपने प्रोडक्ट की पूरी समझ होनी चाहिए, जिसमें इसकी विशेषताएं, प्रोडक्ट का प्रयोग करने के तरीके और यह ग्राहक की विशिष्ट आवश्यकताओं को प्रभावी ढंग से कैसे पूरा करता है। एक अच्छा सेल्समैन न केवल अपने प्रोडक्ट्स के बारे में जानता है, बल्कि यह भी समझता है कि यह उत्पाद लोगों के जीवन को आसान बनाने में कैसे मदद कर सकता है। यह ज्ञान उन्हें अपने प्रोडक्ट के बारे में बात करने, वर्तमान ट्रेंडिंग तकनीकों से इसकी तुलना करने और ग्राहकों के बीच मांग पैदा करने में मदद करता है।

2. इंटरपर्सनल स्किल (पारस्परिक कौशल): एक अच्छे सेल्समैन में इंटरपर्सनल स्किल का होना बहुत जरूरी है। इंटरपर्सनल स्किल वह स्किल है जो एक सेल्स मैन को पॉजिटिव एटीट्यूड रखने में मदद करता है ताकि कस्टमर उनसे आसानी से संपर्क कर सकें। कस्टमर का ध्यान आकर्षित करने और प्रोडक्ट्स को बेचने के लिए उनके बीच कम्युनिकेशन में पिचिंग, इंटोनेशन आदि महत्वपूर्ण हैं। पॉजिटिव एटीट्यूड बनाने से कस्टमर्स को प्रोडक्ट्स के बारे में सुनने और समझने में मदद मिलती है। यह केवल बात करने के बारे में नहीं है; एक अच्छा सेल्समैन यह पता लगा सकता है कि कस्टमर को क्या चाहिए।

3. लचीला व्यक्तित्व: एक अच्छे सेल्समैन में लचीला व्यक्तित्व का होना बहुत जरूरी है। लचीला व्यक्तित्व असफलताओं और चुनौतियों से उबर सकता है और कठिनाइयों के बावजूद सकारात्मक दृष्टिकोण बनाए रख सकता है। रिजेक्शन या कठिन समय का सामना करने पर, एक लचीला सेल्समैन दृढ़ निश्चयी रहता है। वह अपने अनुभवों से सीखता है और भविष्य की सफलता के लिए रणनीतियों को अपनाता है। यह गुण सेल्स के लिए एक सहज और आत्मविश्वासपूर्ण दृष्टिकोण सुनिश्चित करता है, नकारात्मकता को दूर करने और सेल्स के गतिशील और अक्सर अप्रत्याशित क्षेत्र में प्रभावशीलता बनाए रखने की क्षमता को बढ़ाता है।

4. मोटिवेशनल क्षमता: एक अच्छा सेल्समैन में मोटिवेशनल क्षमता का होना भी जरूरी है। मोटिवेशनल क्षमता ग्राहकों को सकारात्मक रूप से प्रभावित करने की क्षमता है। एक मोटिवेटेड सेल्समैन किसी प्रोडक्ट्स या सर्विस के मूल्य को प्रभावी ढंग से प्रेजेंट करता है, इसके लाभों पर प्रकाश डालता है और कस्टमर की ज़रूरतों को संबोधित करता है। इस कौशल में ग्राहकों से जुड़ने के लिए विश्वास का निर्माण और संचार शैलियों को अपनाना शामिल

है। एक मोटिवेटेड सेल्समैन संभावित खरीदारों को निर्णय लेने की प्रक्रिया के माध्यम से मार्गदर्शन कर सकता है, जिससे सफल बिक्री और संतुष्ट ग्राहक प्राप्त होते हैं।

5. इमोशनल इंटेलिजेंस (भावनात्मक बुद्धिमत्ता): एक अच्छे सेल्समैन में इमोशनल इंटेलिजेंस का होना भी जरूरी है। यह जानना कि कस्टमर क्या महसूस करते हैं। एक अच्छा सेल्समैन कस्टमर की भावनाओं को अच्छी तरह समझता है और रिश्तों को बेहतर तरीके से संभाल सकता है, इससे ग्राहकों के साथ गहरे स्तर पर जुड़ने में मदद मिलती है। यह कौशल चीजों को इस तरह से बेचने में मदद करता है जो प्रत्येक कस्टमर के लिए सही लगे। इमोशनल इंटेलिजेंस समस्याओं से निपटने और ग्राहकों को वापस आने के लिए प्रेरित करने में भी उपयोगी है।

6. कंसल्टिंग सेल्समैन (सलाहकार सेल्समैन): एक अच्छा सेल्समैन को कंसल्टिंग सेल्समैन (सलाहकार बनने की योग्यता) होना भी जरूरी है। इसमें सेल्समैन सलाहकार के रूप में काम करते हैं, न कि केवल सेल्समैन जो केवल प्रोडक्ट्स बेचने की कोशिश करते हैं। वे व्यावहारिक प्रश्न पूछकर और समस्या समाधानकर्ता के रूप में ध्यानपूर्वक सुनकर ग्राहक की ज़रूरतों को समझने को प्राथमिकता देते हैं। एक अच्छा सेल्समैन समाधान प्रदान करता है जो सीधे क्लाइंट की चुनौतियों और लक्ष्यों को संबोधित करता है। व्यक्तिगत गाइडेंस के द्वारा और ग्राहक की ज़रूरतों पर ध्यान केंद्रित करके सलाहकार सेल्समैन मजबूत संबंध बनाते है और ऐसे समाधान सुनिश्चित करते हैं जो वास्तव में क्लाइंट की आवश्यकताओं को पूरा करता है।

7. बोल्डनेस (दृढ़ता): एक अच्छा सेल्समैन को प्रेशर झेलने की क्षमता होनी चाहिए। सेल्स में दृढ़ता का मतलब है आसानी से हार न मानना, भले ही अस्वीकृति या कठिनाइयों का सामना करना पड़े। सेल्स कठिन हो सकती है,

जिसमें बहुत सारे उतार-चढ़ाव होते हैं। एक अच्छा सेल्समैन रिजेक्शन का सामना करने के बाद भी आगे अपना कॉन्फिडेंस लूज नहीं करता है और कठिन परिस्थितियों में भी शांत रहता है। जो सेल्समैन दबाव को झेल सकते हैं, वे अपनी भावनाओं को नियंत्रित कर सकते हैं, अच्छे निर्णय ले सकते हैं, और जब चीजें वास्तव में कठिन और तनावपूर्ण होती हैं, तब भी अपना काम अच्छी तरह से करते रहते हैं। रिजेक्शन मिलने के बाद भी, वे कोशिश करते रहते हैं और अंततः ग्राहक से हाँ प्राप्त करते हैं।

8. ऑब्जेक्शन हैंडलिंग (आपत्ति से निपटना): एक अच्छा सेल्समैन ऑब्जेक्शन हैंडलिंग और कस्टमर के फीडबैक लेने के लिए हमेशा तैयार रहता है। ऑब्जेक्शन हैंडलिंग में फीडबैक स्वीकार करके कस्टमर की चिंताओं का समाधान किया जाता है। एक अच्छा सेल्समैन जानता है कि चीजों को किस तरह से समझाया जाए जिससे कस्टमर्स को अपनी खरीदारी में बेहतर और आत्मविश्वास महसूस हो। सेल्स में आपत्ति प्रबंधन किसी ऐसे व्यक्ति से बातचीत करने जैसा है जिसे कुछ खरीदने के बारे में संदेह या सवाल है।

9. सेल्स स्ट्रेटजी की तत्परता: एक अच्छे सेल्समैन को कस्टमर के साथ बातचीत के समय सेल्स की स्ट्रेटजी बनाने के लिये तत्पर रहना चाहिये। सेल्स में बातचीत की स्ट्रैटेजी सेल्सपर्सन द्वारा इस्तेमाल की जाने वाली रणनीतियों या चालों की तरह होती है, ताकि वे ऐसे सौदे करें जिससे खरीदार और विक्रेता दोनों खुश हों। यह हर किसी को यह महसूस कराने के तरीके खोजने के बारे में है कि उन्हें एक अच्छा सौदा मिल रहा है, चाहे वह छूट देकर हो या यह दिखाकर कि कोई उत्पाद अपनी कीमत के लायक क्यों है। बिक्री में जल्दबाजी ग्राहकों को यह महसूस कराती है कि उन्हें अभी कुछ खरीदना चाहिए। यह वैसा ही है जैसे जब स्टोर कहते हैं कि सीमित समय की पेशकश या बिक्री

जल्द ही समाप्त हो रही है, तो इससे लोगों को लगता है कि अगर वे अभी नहीं खरीदते हैं तो वे एक बेहतरीन डील से चूक सकते हैं, जिससे वे जल्दी से जल्दी निर्णय लेने के लिए प्रेरित होते हैं। इससे लोगों को बाद में खरीदने के बजाय जल्दी से जल्दी चीजें खरीदने में मदद मिलती है।

10. डील फाइनल करना: एक अच्छे सेल्समैन में अंतिम बातचीत से निपटने की क्षमता का होना भी बहुत आवश्यक है। किसी प्रोडक्ट को बेचने का अंतिम चरण डील फाइनल करना है। यह कस्टमर को मनाने के लिए सेल्समैन द्वारा किए गए सभी प्रयासों का परिणाम है। इसके लिए आत्मविश्वास और संवेदनशीलता के साथ-साथ "अभी या कभी नहीं" के सकारात्मक दृष्टिकोण की आवश्यकता होती है, इसलिए एक सेल्समैन को डील फाइनल करने के लिए धैर्यपूर्वक सभी स्ट्रेडेजी अपनानी चाहिए।

मार्केटिंग की बुक पढ़ने में मैं इतना लीन हो गया की मुझे समय का पता ही नहीं चला। मेरी पत्नी ने जब खाने के लिए आवाज लगाई तो देखा, रात के 9.30 हो गए थे। मैंने खाना खाया और टीवी देखने लगा।

-:- -:- -:-

बिहार ट्रांसफर लेने का दबाव
मई 2005

बेंजर कंपनी छोड़ने के बाद मैं एक होम एप्लायंस बनाने वाली कंपनी "रागिनी" जॉइन किया था. इस कंपनी को बिहार एव झारखंड मार्केट के सेल्स प्रमोशन के लिये एरिया सेल्स मैनेजर की जरूरत थी। यह जानकर की मैं बिहार का हूँ, उन्होंने मुझे तुरंत सेलेक्ट कर लिया। बिहार झारखंड के लिए उन्हें कोई सेल्समैन नहीं मिल रहा था। नार्थ इंडिया वाले स्पेशली दिल्ली वाले लोग बिहार झारखंड के नाम से डरते हैं। उनके मन में एक डर बैठा दिया गया है कि बिहार झारखंड में सारे लोग गुंडे बदमास होते है। उन्हें लगता है कि अगर वे उस एरिया में जायेंगे तो उनका मर्डर हो जाएगा। इसलिए बहुत सारे सेल्समैन उस एरिया में जाने को तैयार नहीं होते थे। इस कंपनी का ऑफिस दिल्ली के पंजाबी बाग में था।

इस कंपनी में मैं ज़्यादा दिन नहीं रहा। केवल चार महीने ही रहा। उसके बाद मुझे होम अप्लायंस बनाने वाली एक बड़ी कंपनी "लेमेन" में ऑफर मिल गया। सैलरी भी यहाँ अच्छी थी और एरिया भी वही बिहार झारखंड।

लेमेन कंपनी का बिहार में एकमात्र डिस्ट्रीब्यूटर पटना के कंकड़ बाग में था, सोलर पॉइंट। सोलर पॉइंट और भी कई हार्डवेयर कंपनियों का डिस्ट्रीब्यूटर था। डिस्ट्रीब्यूटर के ओनर और उनके सेल्समैन के साथ हमने पूरे बिहार का एग्रेसिव टूर किया और बहुत कम समय में कंपनी की सेल में जबरदस्त ग्रोथ कराया। उस वक्त लेमेन कंपनी का प्रोडक्ट्स बिहार के हर बड़े काउंटर पर उपलब्ध हो गया था। क्योंकि कंपनी के डिस्ट्रीब्यूटर मिस्टर संजीव नयन काफ़ी मिलनसार और मेहनती थे। उनकी मार्केट में भी अच्छी पकड़ थी।

इसी बीच मेरे पिताजी की मृत्यु हो गई। उनकी उम्र लगभग 100 वर्ष की थी और वे कुछ दिनों से बीमार चल रहे थे। उनकी बीमारी को सुनकर मेरी पत्नी और बच्चे पहले ही गाँव जा चुके थे। पिताजी की मृत्यु के वक्त मैं भी उनके पास गाँव में ही था।

हमारे समाज के ब्राह्मण वादी व्यवस्था में किसी की मृत्यु के बाद 13 दिनों तक धार्मिक कर्मकांड का कार्यक्रम चलता है। मान्यता है की इससे मृत आत्मा को शांति मिलती है। जिस आदमी को पूरे जीवन में कभी शांति नहीं मिलती है, जो आदमी जिंदगी भर शांति और शुकून की तलाश में भटकता रहता है, जो जिंदगी भर अपने परिवार, बच्चे और समाज की जरूरतें पूरा करने में लगा रहता है और जिसे जिंदा रहते कभी शांति नहीं मिलती है। वही आदमी एक दिन मर जाता है. फिर उसके मरने के बाद पता नहीं कैसे धार्मिक कर्मकांड और पाखंड से उस मृतक आदमी को शांति और स्वर्ग की प्राप्ति होती है? ये बात आज तक मुझे समझ नहीं आई है।

पिताजी की मृत्यु के बाद ना तो मुझे 13 दिन की छुट्टी मिली, ना मैं ले सकता था। इसलिए पिताजी के दाह संस्कार के तीसरे दिन मैं अपनी ड्यूटी जॉइन करने पटना पहुँच गया। 13 दिन का धार्मिक पाखंड का कार्यक्रम हमारे बड़े भाई साहेब और घर के अन्य सदस्य और रिश्तेदार कर रहे थे। उन्हें पूजा पाठ और धार्मिक कर्मकांड में विश्वास था। मैं तो वैसे भी इस तरह के धार्मिक कर्मकांड और पाखंड से दूर रहता था। यहाँ तक कि मैं अपने किसी सगे संबंधियों की मृत्यु पर शोक प्रकट करने का दिखावा करने के लिए आजतक अपना मुंडन भी नहीं करवाता था, अपने पिताजी के समय भी नहीं.

पटना में मुझे देखते ही मिस्टर संजीव नयन बोले, "अशोक, आप तो अपने काम के प्रति बहुत डेडिकेटेड हो। अभी आपके पिताजी का डेथ हुआ और आप ड्यूटी पर आ गये। ये अच्छी बात है।"

मैं बोला, "हाँ, इतनी ज़्यादा छुट्टी नहीं मिलती मुझे।"

जब लेमेन कंपनी का बिहार में सेल बढ़ गया तो कंपनी के डिस्ट्रीब्यूटर मिस्टर संजीव नयन ने पटना में डीलर मीट की मांग की। कंपनी के बिज़नेस ग्रोथ को देखते हुए कंपनी के एमडी मिस्टर बंगा डीलर मीट के लिए तुरंत तैयार हो गये।

लेमेन कंपनी का डीलर मीट पटना के गांधी मैदान के पास स्थित एक मात्र चार स्टार होटल मौर्य लोक में संपन्न हुआ। इसमें शामिल होने के लिए कंपनी के एमडी मिस्टर बंगा पहली बार बिहार की धरती पर आये। वे कभी बिहार नहीं आए थे। साथ में कंपनी के जीएम मिस्टर सिंह भी थे।

डीलर मीट बहुत शानदार रहा। पूरे बिहार से लगभग 150 डीलर शामिल हुए थे। सबों को वेलकम ड्रिंक के साथ पहले प्रोजेक्टर द्वारा कंपनी के बारे में प्रेजेंटेशन दिया गया। इसमें कंपनी का बिज़नेस ग्रोथ जर्नी दिखाया गया कि कंपनी किस तरह प्रति वर्ष नए-नए प्रोडक्ट्स लॉन्च कर रही है। फिर सारे प्रोडक्ट्स के बारे में प्रेजेंटेशन दिया गया। हॉल में एक तरफ़ कंपनी के सारे प्रोडक्ट्स डिस्प्ले किये हुए थे।

प्रेजेंटेशन के बाद ड्रिंक्स और स्नैक का दौर शुरू हुआ। कंपनी ने डीलर के मनोरंजन के लिए रंगारंग डांस प्रोग्राम की भी व्यवस्था किया था, इसके लिए कुछ डांसर को बुलाया गया था, जो अपनी सुरीली संगीत और डांस से सबों का दिल जीत लिया था। इस प्रोग्राम के लास्ट में कंपनी के द्वारा सभी आगंतुक डिलर को आकर्षक गिफ्ट दिया गया। साथ ही कंपनी के डिस्ट्रीब्यूटर मिस्टर संजीव नयन द्वारा कंपनी के एमडी, जीएम और मुझे पटना के प्रसिद्ध गोलघर का ब्रास का एक खूबसूरत मोमेंटो भेंट किया था।

डीलर मीट में कंपनी के डिस्ट्रीब्यूटर ने एमडी के सामने मेरे काम की बड़ाई कर दी। उन्होंने कहा, "अशोक जी के कारण कंपनी का सेल बिहार में इतनी

तेजी से बढ़ा है। लेकिन ये दिल्ली में रहते है और महीने में केवल 10-12 दिनों के लिए बिहार आते हैं। अगर ये ट्रांसफर होकर बिहार आ जाए तो कंपनी का बिज़नेस और तेजी से बढ़ेगा।"

उसी डीलर मीट में एमडी मिस्टर बंगा ने अनाउंस कर दिया, "मैंने अशोक कुमार का ट्रांसफर बिहार कर दिया। ये अगले महीने से बिहार शिफ्ट हो जायेंगे।"

मैं इसके लिए बिल्कुल तैयार नहीं था। एमडी का ये फैसला मेरे ख़िलाफ़ हो गया। मैं बिहार का हूँ। लेकिन मेरी फैमिली दिल्ली में रहती है। मैं बिहार नहीं शिफ्ट हो सकता था। मेरे दिल्ली जाते ही एमडी ने मुझे बिहार ट्रांसफर होने का आदेश दिया। मैंने मना कर दिया। बोला, "सर, मेरी फ़ैमिली दिल्ली में रहती है। मेरे बच्चे यहाँ पढ़ते है। मैं बिहार ट्रांसफर नहीं ले सकता।"

कंपनी के जीएम मिस्टर सिंह भी बार-बार बिहार जाने के लिए दबाव डालने लगे। मैंने लेमेन रिजाइन कर दिया। मैं बिहार नहीं गया।

-:- -:- -:-

15 दिन का जॉब
अगस्त 2006

लेमेन कंपनी से रिजाइन करने के बाद मैंने कई जगह इंटरव्यू दिया, लेकिन कहीं बात नहीं बनी। कहीं उन्होंने मुझे रिजेक्ट कर दिया कहीं मैंने जॉइन करने से मना कर दिया। कलकत्ता की बैट्री बनाने वाली एक बड़ी कंपनी में तीन राउंड के बाद मेरा सिलेक्शन हुआ। लेकिन वहाँ भी अड़चन आ गई। कंपनी को बंगाल या बिहार के लिए एरिया मैनेजर चाहिए था। मुझे जॉइन करने का ऑफर दिया गया। लेकिन इसके लिये मुझे बिहार के लिए पटना या बंगाल के लिए कोलकाता शिफ्ट होने को कहा गया। मैंने मना कर दिया।

मेरे पास एक महीने से कोई जॉब नहीं थी। काफ़ी प्रयास के बाद भी कहीं जॉब नहीं मिल रही थी। हर जगह कुछ ना कुछ प्रॉब्लम रह जाती थी। कहीं मेरी इंग्लिश अच्छी नहीं रहने के कारण सिलेक्शन नहीं होता था तो किसी कंपनी में पर्सनल वाहन (मोटरसाइकिल या कार) की आवश्यकता थी। ना तो मेरी इंग्लिश अच्छी थी और ना मेरे पास कोई पर्सनल वाहन थी। मुझे तो वाहन चलाना भी नहीं आता था। मैं निराश और परेशान हो गया। लेकिन हिम्मत नहीं हारी। नई-नई जगहों में इंटरव्यू देते रहा।

लगभग डेढ़ महीने बेरोजगार रहने के बाद एक जगह मेरी जॉब लग गई। एक कंपनी थी मोटर पम्प बनाने की- अंजला पम्प। इसकी फैक्ट्री भिवाड़ी (राजस्थान) में थी और हेड ऑफिस विवेक विहार (पूर्वी दिल्ली) में। कंपनी काफ़ी पुरानी थी। मैंने इस कंपनी का नाम सुन रखा था। हालांकि इसका प्रोडक्ट्स मेरे लिए नया था। मोटर पम्प के बारे में ना तो मुझे कोई प्रोडक्ट

नॉलेज था ना इसके मार्केट और कंपीटिटर्स के बारे में। फिर भी मैंने इस कंपनी को जॉइन कर लिया। यहाँ सैलरी अच्छी थी।

अंजना पम्प जॉइन करने के तीन चार दिन बाद मुझे प्रोडक्ट ट्रेनिंग के लिए फैक्ट्री भिवाड़ी भेजा गया। मैं तीन दिनों तक प्रोडक्ट की ट्रेनिंग के लिये भिवाड़ी जाते रहा। उसके बाद मैं मध्यप्रदेश टूर पर निकल गया।

सबसे पहले मैं ग्वालियर गया। वहाँ मेरे एक पुराने डीलर मोटर पम्प बेचते थे। जैसे ही मैंने उन्हें बताया की मैंने अंजना पम्प जॉइन किया, वे बोल पड़े, "आपको कोई और दूसरी कंपनी नहीं मिली थी जॉइन करने के लिये? अंजना पम्प ही मिली थी?"

मैंने पूछा, "क्या हुआ? अंजना पम्प में क्या खराबी है?"

उन्होंने अंजना पम्प के बारे में बताया कि इसकी आफ्टर सेल्स सर्विस बहुत ख़राब है। मेरे बहुत सारे पम्प सर्विसिंग के लिये कंपनी गया हुआ है। 6-7 महीनें हो गए हैं, लेकिन अभी तक सर्विस होकर नहीं आया है। कंपनी में फ़ोन करो तो कोई जवाब नहीं देता है। एक साल में तीन सेल्समैन कंपनी छोड़ चुके हैं। डीलर और कस्टमर सब परेशान हैं इस कंपनी से।

मुझे जबरदस्त झटका लगा। एक तो डेढ़ महीने बाद जॉब लगी थी, ऊपर से कंपनी के बारे में डीलर की ऐसी प्रतिक्रिया। फिर भी मैं निराश नहीं हुआ। सोचा, हो सकता है कि इस डीलर को किसी कारणवश कुछ ज़्यादा परेशानी हुई हो। बाक़ी जगह सब ठीक होगा। मैं ग्वालियर में 3-4 डीलर से और मिला। सबों ने कमोबेस वही बात दोहराई। सब इस कंपनी की सर्विसेज़ से परेशान थे।

इसके बाद मैं एमपी की राजधानी भोपाल गया। वहाँ भी मेरे कुछ जानने वाले डीलर मोटर पम्प का काम करते थे। उन सबों ने भी वही बात दोहराई। कंपनी

बहुत पुरानी है। लेकिन इसका नाम मार्केट में बहुत ख़राब है। इसकी सर्विसेज़ के लिए कोई सुनवाई नहीं होती। कई लोगों ने यह भी बताया कि कंपनी के डायरेक्टर बहुत ही बदतमीज और अनप्रोफेशनल है। डीलर से भी बतमीजी से बात करते हैं।

मैं वापस दिल्ली आ गया। अगले दिन मैं अंजना पम्प के ऑफिस गया। मैं डायरेक्टर से मार्केट के फीडबैक के बारे में डिटेल बात करना चाहता था। इसके मार्केटिंग डायरेक्टर मिस्टर जयंत कुमार थे। वे पूरे दिन व्यस्त रहे। मैं दिन भर ऑफिस में उनसे मीटिंग का इंतेजार करता रहा। उन्होंने मीटिंग के लिए मुझे समय नहीं दिया। शाम को चलते समय वे बोले, "मिस्टर अशोक, आज तो मुझे आपसे मीटिंग के लिए समय ही नहीं मिला। मैं कल जयपुर जा रहा हूँ। आप मुझे कल सुबह 8 बजे धौला कुआ पर मिलिए। मेरे साथ जयपुर चलिए। रास्ते में हम बात करेंगे"

मैं बोला, "ठीक है सर।"

अगले दिन मैं मिस्टर जयंत कुमार के साथ हो लिया। गाड़ी उनका ड्राइवर चला रहा था। कुछ देर तो वे मुझसे औपचारिक बात करते रहे। फिर वे कंपनी के अलग अलग राज्यों के सेल्स मैनेजर से मोबाइल पर बातें करने लगे।

उनकी बातें सुनकर मैं सकते में आ गया। मैं सोच भी नहीं सकता था कि किसी कंपनी का डायरेक्टर अपने सेल्स मैनेजर के साथ ऐसी भाषा का प्रयोग कर सकता है। वे अपनी कंपनी के सेल्स मैनेजर से बात रहे थे। किसी को फ़ोन पर बोल रहे थे, "साले, तुम्हें कंपनी में रहना है या नहीं? मैंने बोला था कि इस महीने पाँच लाख की सेल्स चाहिए। अभी तक तीन लाख ही हुए हैं। बहन…. (गाली देकर), इस महीने सैलरी नहीं दूँगा तुझे।"

मिस्टर जयंत कुमार के साथ 7-8 साल की उनकी बेटी भी जयपुर जा रही थी। फिर भी वे अपनी कंपनी के सेल्स मैनेजर को गंदी गंदी गालियाँ देते, धमकाते हुए बात करते रहे। एक जगह रुककर हम सबों ने खाना खाया। लगभग 12 बजे हम सब जयपुर पहुँच गये। मिस्टर जयंत कुमार आते ही मीटिंग में व्यस्त हो गए। कुछ देर तक मैं भी ऑफिस में बैठा रहा। फिर बोर होने लगा तो ऑफिस के आस पास घूम आया। सब लोग अपने काम में बिजी थे। केवल मैं ही बेकार बैठा था वहाँ.

जब तीन बज गए तो मैं मिस्टर जयंत कुमार के पास गया और बोला, "सर, मेरा यहां कोई काम नहीं है। क्या मैं दिल्ली वापस चला जाऊँ?"

वे बोले, "हाँ। मैं आज यही रूकूँगा। आप चले जाइये। अभी कोई बस मिल जायेगी।" फिर बोले, "दिल्ली में आकर मैं आपसे बात करता हूँ।"

मैं ऑफिस से निकल गया। कुछ दूरी पर ही बस स्टैंड थी। जैसे ही मैं बस स्टैंड पहुँचा, दिल्ली के लिए एक वोल्वो खड़ी थी। मैं उसमें बैठ गया। रात लगभग 9.30 बजे अपने घर पहुँच गया।

अगले ही दिन मैंने अंजना पम्प कंपनी को रिजाइन कर दिया। मैं इस तरह के टॉक्सिक माहौल वाली अनप्रोफेशनल कंपनी में काम नहीं कर सकता था, जिसका डायरेक्टर सेल्स मैनेजर से गलियों से बात करता हो.

अगले दिन एचआर की रजनी मैम का फ़ोन आया, "अशोक सर, आप ऑफिस आ जाइए। डायरेक्टर सर आपसे मीटिंग करना चाहते हैं। आपने रिजाइन क्यों कर दिया?"

मैं बोला, "मैम, मैं ऑफिस नहीं आऊंगा। मुझे काम नहीं करना है।"

बहुत दिनों तक रजनी मैम का फ़ोन आता रहा। मैं नहीं गया। मैंने 15 दिनों की सैलरी भी नहीं लिया।

-:-   -:-   -:-

पी पी इंडस्ट्रीज
दिसंबर 2007

अंजना पम्प छोड़ने के बाद मैं कई महीनों तक बिना जॉब के रहा। मुझे कोई जॉब नहीं मिली। उसके बाद दो तीन कंपनी में मैंने काम किया। लेकिन उन कंपनियों में किसी में मैं 6 महीने काम किया, किसी में 8 महीने। साल तो किसी में पूरा नहीं किया। किसी न किसी कारण मुझे कंपनी छोड़नी पड़ी या कंपनी ने मुझे रिजाइन करने को बोल दिया। मैं फिर से जॉब्स ढूंडने लगा। इस बार मैं जॉब्स सर्च के लिए प्लेसमेंट एजेंसी के पास गया। प्लेसमेंट एजेंसी ने मेरा रिज्यूम लेने के बाद बोला, "कुछ दिन बाद कंपनी से आपके पास इंटरव्यू के लिए कॉल आयेगा। तैयार रहना।"

मैं बोला ठीक है और मैं घर आ आया। लगभग एक हफ़्ते बाद एक कंपनी से फ़ोन आया। कंपनी का नाम था- पी पी इंडस्ट्रीज़ लिमिटेड, सेंट्रल मार्केट, पंजाबी बाग में हेड ऑफिस था। यह कंपनी जी आई, पीपीआर और पीवीसी पाइप्स बनाती थी।

पीपी इंडस्ट्रीज में मिस्टर ठाकुर मार्केटिंग कंसल्टेंट्स थे। उन्होंने मेरा इंटरव्यू लिया। इंटरव्यू में उन्होंने मुझसे ज़्यादा कुछ नहीं पूछा। केवल मेरे पहले वाले कंपनियों के बारे में पूछा और उसका मार्केट एरिया पूछा। फिर पाइप के सैंपल दिखाते हुए बोला, "हमारी कंपनी पीपीआर और पीवीसी पाइप बनाती है। इसे सेल करना है। कर सकोगे ना?"

मैं बोला," सर मैंने पाइप का सेल नहीं किया है। लेकिन मुझे कॉन्फिडेंस है मैं कर लूँगा। केवल मुझे कुछ दिन के लिए प्रोडक्ट नॉलेज लेना होगा।"

मिस्टर ठाकुर बोले, "प्रोडक्ट्स ट्रेनिंग पूरी दी जायेगी।"

मुझे सेलेक्ट कर लिया गया। मुझे बिहार झारखंड और उड़ीसा के लिए अपॉइंट किया गया था। चलते समय मुझे पाइप का सैंपल और कैटलॉग दिया गया। पाइप का सैंपल बहुत ही सुंदर डब्बे में था। बाहर से देखकर लगता था कि मिठाई या कोई गिफ्ट का डब्बा है, बिल्कुल कलरफुल और आकर्षक।

सैंपल के डब्बे को लेकर जब मैं घर लेकर गया तो डब्बे को देखकर मेरी वाइफ बोली, "क्या बात है, आज मिठाई का डब्बा लेकर आये हैं। कोई ख़ास बात है क्या?"

मैंने डब्बे खोलकर पाइप के सैंपल दिखाते हुए बोला, "देखो, यह मिठाई नहीं है। पाइप का सैंपल है। इसे सेल करनी है।"

वह आश्चर्य से उसे देखने लगी।

मैं फिर बोला, "आज एक इंटरव्यू था पाइप की एक कंपनी में।"

लगभग एक हफ़्ते बाद मैंने पी पी इंडस्ट्रीज जॉइन कर लिया। यह कंपनी काफ़ी पुरानी थी और इसका मार्केट में अच्छा नाम था। पंजाबी बाग के सेंट्रल मार्केट में ही कंपनी के दो ऑफ़िस थे। एक ऑफिस प्लास्टिक पाइप का था और दूसरा ऑफिस जीआई पाइप का। मेरी कंपनी पीपीआर एंड पीवीसी पाइप बनाती थी।

जॉइन करने के बाद लगभग एक हफ्ते तक अपने सीनियर से मैं पीपीआर पाइप के बारे में, उसके कंपीटिटर के बारे में और मार्केट के बारे में जानकारी लेता रहा। मेरे लिए यह प्रोडक्ट्स बिल्कुल नया था। मैंने प्लंबिंग (पाइप्स) डिवीज़न में कभी काम नहीं किया था।

इस कंपनी के मालिक मिस्टर संजय कपूर थे। लेकिन वे कभी ऑफिस नहीं आते थे। वे फैक्ट्री या कंपनी के दूसरे ऑफिस में बैठते थे। इस कंपनी को संभालने के लिये उन्होंने मिस्टर ठाकुर को अपॉइंट किया था। वे एक कंसलटेंट थे, जिन्हें प्रोडक्ट और मार्केट का नॉलेज नहीं था। मिस्टर ठाकुर हफ़्ते में केवल तीन दिन ऑफिस आते थे। वे चार्टर्ड अकाउंटेंट थे, लेकिन वे इस कंपनी में मार्केटिंग का हेड बनकर बैठे थे। मेरा पाइप ट्रेड में कोई नॉलेज नहीं होने के बावजूद भी शायद इसी कारण उन्होंने मेरा सिलेक्शन कर लिया था। ट्रेड का कोई प्रोफेशलन होता तो शायद मुझे सेलेक्ट नहीं करता।

शुरू में मुझे प्रॉब्लम आई। ना मुझे पाइप के बारे में कोई नॉलेज था ना इसके मार्केट के बारे में। मुझे बिहार झारखंड, उड़ीसा और बंगाल मार्केट डेवलप करने को दिया गया था। लेकिन धीरे-धीरे मैंने सब सिख लिया। लगभग एक साल में मैंने इन राज्यों में कई डिस्ट्रीब्यूटर खड़े कर दिए, साथ ही मैंने प्रत्येक राज्य में सेल्स टीम भी खड़ा कर दिया था। मुझे सेल्स के लिये केवल पीपीआर पाइप दिया गया था, जिसकी मार्केट में डिमांड बहुत कम थी। पीपीआर पाइप का जॉइंटिंग सिस्टम डिफिकल्ट था। इसलिए पीपीआर पाइप को प्लम्बर लगाना नहीं चाहते थे, इसे लगाने में उन्हें दिक्कत आती थी और ज़्यादा समय के साथ-साथ मेहनत भी ज़्यादा लगता था। इसे जॉइंट करने के लिए एक वेल्डिंग मशीन की जरूरत होती थी, जिसे यूज़ करने के लिए बिजली की जरूरत थी। जहाँ बिजली की व्यवस्था नहीं है, वहाँ पीपीआर पाइप नहीं लग सकता था। फिर अगर वेल्डिंग मशीन ख़राब हो गई तो दूसरी वेल्डिंग मशीन के व्यवस्था होने तक प्लम्बर को इंतेजार करना पड़ता था। इसीलिए प्लम्बर लोग पीपीआर पाइप को लगाना नहीं चाहते थे।

इसी बीच बहुत सारी कंपनियों ने सीपीवीसी पाइप बनाना शुरू कर दिया था। सीपीवीसी पाइप का जॉइंट सॉल्वेंट सीमेंट से था, जो बहुत ही आसान था।

पाइपऔर फिटिंग्स में सॉल्वेंट लगाएं और फिट कर दिया। बस पाइप फिट हो गया। इसलिये पीपीआर पाइप को सेल करना बहुत मुश्किल काम था। मुश्किल से डीलर बनते थे इसलिए टारगेट्स भी पूरा नहीं होता था। दूसरी कंपनियों की तुलना में इसके पीपीआर पाइप के रेट्स भी ज़्यादा थे।

पी पी इंडस्ट्रीज में मैंने लगभग दो साल काम किया। पीपीआर पाइप को सेल करने के दिक्कत के कारण अब मैं फिर से नए जॉब्स के लिए इंटरव्यू देना शुरू कर दिया था।

-:- -:- -:-

मेल्टिंग इंडस्ट्रीज
15 अक्टूबर 2009

पी पी इंडस्ट्रीज में मेरे साथ एक सहकर्मी थे, मिस्टर निशांत कुमार। साउथ इंडिया का सेल्स देखते थे। उन्होंने मेरे से पहले जॉब ढूँढना शुरू कर दिया था। कुछ दिनों की मेहनत के बाद उन्हें एक कंपनी मेल्टिंग इंडस्ट्रीज में जॉब मिल गई थी। उस कंपनी ने एक नई तरह का पाइप इंडिया में लॉन्च किया था- एबीएस पाइप, जो एबीएस मटेरियल का बना हुआ था। एबीएस एक स्ट्रॉंग मटेरियल था, जिसका जॉइंटिंग सिस्टम सीपीवीसी पाइप की तरह सॉल्वेंट सीमेंट से था। इसकी एक और खूबी थी की यह सीपीवीसी पाइप से ज़्यादा स्ट्रॉंग था।

निशांत जी के कहने पर मैं भी मेल्टिंग इंडस्ट्रीज में इंटरव्यू देने चला गया। मेल्टिंग इंडस्ट्रीज का ऑफिस फरीदाबाद में था। मेरे घर से लगभग 60 किलो मीटर दूर। मेरे पास कोई पर्सनल वाहन नहीं थी। इंटरव्यू देने मैं बस से गया। मुझे तीन जगह बस चेंज करनी पड़ी। मेरे घर से फरीदाबाद के लिए कोई डायरेक्ट बस नहीं थी। फरीदाबाद बस स्टैंड से उतरकर मेल्टिंग इंडस्ट्रीज के ऑफिस जाने के लिये मुझे रिक्शा लेनी पड़ी थी। इस तरह इंटरव्यू के लिए मेल्टिंग इंडस्ट्रीज के ऑफिस पहुँचने में मुझे 3.5 घण्टे लग गये। मैं लगभग एक बजे मेल्टिंग ऑफिस पहुँचा था।

मेल्टिंग इंडस्ट्रीज का ऑफिस शहर से बाहर रिमोट एरिया में था। एक बार तो सोचा मैं वापस चला जाता हूँ। इतनी दूर ऑफिस आना मेरे वस का नहीं है। पी पी इंडस्ट्रीज का ऑफिस मेरे घर के पास था। बस से आधे घंटे में पहुँच जाता था। फिर सोचा, जब मैं इतनी दूर आ ही गया हूँ तो इंटरव्यू दे देता हूँ।

मेल्टिंग इंडस्ट्रीज के रिसेप्शन पर कोई मैडम बैठी थी। मैंने उन्हें बताया की मुझे अर्जुन सर ने इंटरव्यू के लिए बुलाया है। मैंने अपना नाम बताया। उसने इंटरकॉम पर किसी से बात की और फिर मेरे से बोली, "सर मीटिंग में बिजी हैं। आप वेट कीजिये।" फिर बोली, "सर, क्या आप टी कॉफ़ी लेंगे?"

मैं इतनी दूर बस से ट्रैवल कर आया था। चाय पीने की इच्छा हो रही थी। मैंने सोफा पर बैठते हुए बोला, "यस मैम, चाय मँगवा दीजिए प्लीज़।"

कुछ देर बाद अर्जुन सर मेरे पास आकर बोले, "आप अशोक कुमार हैं?"

मैं उन्हें देखते ही सोफा से उठ खड़ा होते हुए बोला, "यस सर।"

वे फिर बोले, "आप बैठिए। मैं एक जरूरी मीटिंग में हूँ। आपसे लंच के बाद मिलता हूँ।" फिर वे रिसेप्शन वाली मैडम से बोला, "मैडम, सर के लिए टी कॉफ़ी मंगा दीजिये." और वो अंदर चले गये।

अर्जुन सर के साथ मेरी मीटिंग 2:30 बजे शुरू हुई। बहुत सारी बात हुई। मार्केट के बारे में, कॉम्पीटिटर के बारे में, पीपीआर सेल्स के बारे में और कुछ पर्सनल बात भी। उनके नये प्रोडक्ट्स एबीएस के बारे में ज़्यादा डिस्कशन हुआ। उन्हें पूर्वी राज्य (बिहार, झारखंड, बंगाल, छतीसगढ़, उड़ीसा) के लिये रीजनल सेल्स मैनेजर की जरूरत थी। मेरा उस एरिया का अनुभव था। मेरा इंटरेस्ट एबीसी पाइप को लेकर था, क्योकि पीपीआर पाइप को बेचना मुश्किल होता जा रहा था।

हम दोनों का डिस्कशन पॉजिटिव रहा। वे मुझे हायर करने के लिए तैयार हो गए और मैंने भी जॉइन करने की इच्छा जताई। लेकिन मैंने उन्हें बता दिया कि मैं यहाँ से लगभग 60 किलो मीटर दूर दिल्ली में रहता हूँ। रोज़ ऑफिस आना मेरे लिये संभव नहीं होगा। वे राजी हो गये. बोले, "आपको रोज ऑफिस आने

की जरूरत नहीं है। आपको हफ़्ते में एक या दो दिन केवल मीटिंग के लिये आना होगा।"

मैं बोला, "ठीक है!"

मेरी अर्जुन सर के साथ मीटिंग खत्म हो गई। सब बातों पर हमारी सहमति हो गई। केवल सैलरी पर हम दोनों एक नहीं हो रहे थे। मैं जितना एक्स्पेक्ट कर रहा था, वो उससे कम ऑफर कर रहे थे।

इसी बीच अर्जुन सर ने मुझे अपने पापा और कंपनी के एमडी मिस्टर के पी सिंह से मिलवाया। वे एमडी सर को मेरा परिचय देने के बाद बोले, "मैं इन्हें पूर्वी राज्य के लिए अपॉइंट कर रहा हूँ। आप एक बार बात कर लीजिये।"

एमडी सर कहीं जाने की जल्दी में थे, बोले, "अर्जुन आप ही बात कर लो। इनके साथ आपको काम करना है। मैं क्या बात करूँ?" फिर वो ऑफिस से बाहर चले गए। शायद उन्हें किसी मीटिंग में जाने के लिए देरी हो रही थी।

उसके बाद अर्जुन सर ने मुझे कंपनी के प्रोडक्शन डायरेक्टर और अपने बड़े भाई मिस्टर विनीत सर से मिलाया। विनीत सर यह जानकर की मैं पूर्वी राज्य के लिये जॉइन करने वाला हूँ, वे बोले, "उधर सेल तो है नहीं। मैंने कुछ साल पहले रायपुर में एक सेल्स मैनेजर को रखा था। तीन चार महीने में कोई सेल नहीं हुआ। केवल कंपनी का खर्चा हो गया।" फिर मुझसे बोले, "आप सेल कर लेंगे?"

मैं बोला, "जरूर होगा सर"

फिर बात सैलरी पर आ गई। विनीत सर बोले, "अर्जुन जी जितना सैलरी ऑफर कर रहे हैं, वो ठीक है। आप जॉइन कर लीजिये।"

मैं बोला, "सर, मैंने अर्जुन सर को भी बोल दिया है। अगर मेरी एक्सपेक्टेशन के अनुसार सैलरी देंगे तो मैं जॉइन कर लूंगा।"

इतनी ज़्यादा दूरी के कारण मैं भी दुविधा में था। मैं भी डिसाइड नहीं कर पा रहा था की मैं जॉइन करूँ या नहीं।

-:- -:- -:-

मेल्टिंग इंडस्ट्रीज में जॉइनिंग
14 जनवरी 2010

निशांत जी का फ़ोन आया। बोले, "मेल्टिंग इंडस्ट्रीज कब जॉइन कर रहे हैं?"

मैं कंफ्यूज था। जॉइन करूँ या नहीं। एक तो सैलरी उतनी नहीं मिल रही थी, जितना मैंने मांगा था। फिर ऑफिस भी बहुत दूर था। मैंने सोच रखा था अगर सैलरी मेरी उम्मीद के अनुसार मिलेगी तो मैं जॉइन कर लूंगा वरना नहीं।

कुछ दिन बाद अर्जुन सर का फ़ोन आया। बोले, "अशोक जी, आ जाइये। आपने जितना बोला है उतना सैलरी कर दूँगा।"

मैं बोला, "ठीक है सर।"

लगभग दो महीने बाद मैंने मेल्टिंग इंडस्ट्रीज जॉइन कर लिया। मैं हफ़्ते में केवल दो दिन ऑफिस जाता था। बाक़ी दिन घर से ही डीलर डिस्ट्रीब्यूटर से फ़ोन पर बात करता था। मुझे पीपीआर पाइप का नॉलेज पहले से था। केवल एबीएस का नॉलेज लेना था।

जॉइन करने के बाद कुछ दिनों तक मैं एबीएस पाइप के बारे में जानकारी हासिल करता रहा। इस पाइप की तुलना हम सीपीवीसी पाइप से करते थे। मुझे बताया गया कि एबीएस पाइप में बूटाडाइन नामक केमिकल होता है। बूटाडाइन एक तरह का रबर है। इसके चलते एबीएस पाइप में लचीलापन होता है और सीपीवीसी पाइप की तुलना में यह ज़्यादा स्ट्रॉंग होता है। सीपीवीसी पाइप पर हथौड़ा मारने पर वह टूट जाता है। जबकि एबीएस पाइप पर समान प्रेशर से हथौड़ा मारने पर यह टूटता नहीं है, केवल क्रैक होता है। इसमें हमें एक खूबी और बतायी गई कि इसका स्टैण्डर्ड सबसे अलग है।

इसकी फिटिंग किसी और पाइप में नहीं लग सकती है केवल एबीएस पाइप में ही लग सकती है। उसी तरह सीपीवीसी की फिटिंग एबीएस में नहीं लग सकती। एबीएस केवल मेल्टिंग इंडस्ट्रीज ने बनाना शुरू किया था। इंडिया में कोई और नहीं बना रहा था। इसलिए यह मोनोपॉली प्रॉडस्ट्स की तरह था। कोई डीलर या कस्टमर अगर एबीएस लगाएगा तो उसे फिटिंग भी एबीएस का हो लगाना पड़ेगा। सीपीवीसी या पीपीआर में तो किसी भी कंपनी का पाइप और किसी भी कंपनी का फिटिंग्स लगा सकते थे। इस तरह एबीएस पाइप की सेल ज़्यादा होने की संभावना थी।

जॉइन करने के लगभग 15 दिन बाद मैं टूर पर चला गया। सबसे पहले मैं झारखंड के हजारीबाग गया। यहाँ कंपनी का एक डीलर था जो मेल्टिंग इंडस्ट्रीज का पीपीआर पाइप बेचता था। लेकिन जब मैं पी पी इंडस्ट्रीज जॉइन किया तो वह पीपी का पीपीआर पाइप बेचने लगा था। मैं फिर उसके पास गया और बताया की अब मैंने मेल्टिंग इंडस्ट्रीज जॉइन कर लिया है। पहले तो वह ना नुकुर करता रहा। बोला, "सर, बार-बार कंपनी बदलने में दिक्कत होती है। कस्टमर को कन्विंस करनी पड़ती है।"

मैं बोला, "कोई बात नहीं, एक बार फिर से कस्टमर को कन्विंस कर लेना।"

वह मान गया. मैंने इसे एबीएस के बारे में भी बताया। लेकिन उसने मना कर दिया। बोला वह नहीं बेच पाएगा। उसने पहला ऑर्डर पीपीआर पाइप का ही दिया।

उसके बाद मैं रांची, रायपुर और नागपुर टूर पर गया। रांची में मैंने कई पुराने डीलर और डिस्ट्रीब्यूटर से मिला। सबों ने एबीएस पाइप को सराहा और बोला, "ये बढ़िया पाइप है। ये मार्केट में चलेगी।" लेकिन किसी ने ऑर्डर नहीं

दिया। सबों ने आश्वासन दिया कि अगली बार जब आयेंगे तो सोचेंगे। यहाँ कोई डीलर नहीं बना।

रांची से मैं रायपुर गया। जब मैं पी पी इंडस्ट्रीज में था तो एक बहुत बड़े डिस्ट्रीब्यूटर- गणेश विंडो एंड डोर्स से पीपीआर पाइप के डिस्ट्रीब्यूशन की बात चल रही थी। उनका बहुत बड़ा बिज़नेस वुडेन विंडो एंड डोर्स का था। उन्हें पाइप सेगमेंट के बिज़नेस का कोई अनुभव नहीं था। लेकिन वे इस सेगमेंट में आना चाह रहे थे, क्योकि वे कंस्ट्रक्शन लाइन से जुड़े थे। वे रायपुर के एक जानेमाने बिज़नेसमैन थे। उनके मालिक मिस्टर गणेश गुप्ता थे और उनके पास पैसों की भी कोई कमी नहीं थी। मैंने उन्हें एबीएस पाइप के बारे में बताया। बोला कि यह नया पाइप है जो इंडिया में पहली बार लॉन्च हुआ है। इसका जॉइंटिंग सिस्टम भी पीपीआर से आसान है। यह सीपीवीसी पाइप के जैसा है लेकिन उससे बेहतर है और इसका कोई कॉम्पीटिटर भी नहीं है। उन्होंने अपने बेटे से डिस्कस किया। फिर डिसाइड किया की वे अगले महीने से डिस्ट्रीब्यूसन का काम शुरू करेंगे।

रायपुर से मैं नागपुर गया। वहाँ गांधी चौक, सीए रोड पर हमारे एक बहुत पुराने डिस्ट्रीब्यूटर थे- इंडिया पाइप डिस्ट्रीब्यूटर। उनका मेन काम जीआई (लोहे के पाइप्स) का डिस्ट्रीब्यूशन था। उसके मालिक मिस्टर बंसल थे। जैसे ही मैंने मेल्टिंग पाइप का नाम लिया, मिस्टर बंसल बोल उठे, "अरे इसके मालिक और उनका जीएम मेरे पास पाँच छह महीने पहले आए थे। मैंने पीपीआर पाइप मंगाया है। लेकिन सारा यूँही पड़ा है। कुछ भी नहीं बिका है।"

मैं बोला, "कितने का पाइप मंगाया था।"

मिस्टर बंसल बोले, "लगभग एक लाख रुपये का। अभी पेमेंट भी बाक़ी है। आपके जीएम ने बोला था कि बिकने पर पैसे दे देना।"

मैं बोला, "इतना कम स्टॉक से क्या होगा? इतना तो एक कस्टमर ही ले लेगा। आप और स्टॉक मांगा लीजिए।"

बहुत समझाने बाद मिस्टर बंसल और स्टॉक मांगने को राजी हो गए। उन्होंने लगभग दो लाख का पीपीआर पाइप का ऑर्डर दिया और बोला, "माल भेज दो। इसका पैसा मैं तुरंत डाल दूँगा।"

मैं बोला, "पैसे एडवांस देना होगा, नहीं तो माल नहीं आयेगा।"

बहुत ना नुकुर करने के बाद वे बोले, "ठीक है, अगले हफ़्ते पैसे डाल दूँगा।"

मैं वापस दिल्ली आ गया।

-:-   -:-   -:-

लैपटॉप का स्कीम
मार्च 2010

हमें मेल्टिंग इंडस्ट्रीज में काम करते हुए दो महीने हो गए थे। अभी कोई बड़ा डिस्ट्रीब्यूटर नहीं बना था। छोटे-छोटे कई डीलर बन गए थे, कुछ पीपीआर के और कुछ एबीएस के। अलग-अलग राज्यों में कई बड़ी पार्टियों से बात चल रही थी। निशांत जी का भी वही हाल था।

दिनभर मैं अलग-अलग राज्यों के डिस्ट्रीब्यूटर और डीलर से बात करता। इस बीच कंपनी के एमडी मिस्टर के पी सिंह जब भी ऑफिस में फ्री होते हम सभी मार्केटिंग वालों को कांफ्रेंस रूम में बुलाकर एबीएस के बारे में बताते। वे टेक्निकल पर्सन थे। उन्होंने इंजीनियरींग कर रखा था। इसलिए वे एबीएस पाइप के बारे में टेक्निकल बात बताते। उनकी बहुत सारी बातें हमारी समझ में नहीं आती थी। फिर भी हम हाँ में सिर हिला देते थे।

कई बार हमारे एमडी प्रोडक्ट नॉलेज के साथ-साथ मार्केटिंग की पढ़ाई भी कराने लग जाते। जैसे, डीलर से कैसे बात करनी है, प्रेजेंटेशन कैसे देनी है, प्रोडक्ट के बारे में क्या बात करनी है, सेल्सवालों के कपड़े कैसे होने चाहिये, आदि। कभी-कभी वे अपनी करियर की कहानी बताने लगते। कैसे उन्होंने भी अपनी करियर की शुरुआत में एक कंपनी में जॉब्स किया था। फिर कंपनी से रिजाइन करके घड़ियों का बिज़नेस शुरू किया। उनके द्वारा बनाये डिजिटल घड़ियों का बिज़नेस भी खूब चला। लेकिन कुछ साल के बाद डिजिटल घड़ियों का मार्केट खत्म हो गया। फिर वे पीपीआर पाइप बनाने लगे और अपनी कंपनी खोल लिया था।

एक दिन अर्जुन सर ने मुझे और निशांत को मीटिंग के लिए अपने केबिन में बुलाया। उन्होंने हम दोनों से अब तक का सेल्स प्रोग्रेस की चर्चा की, कुछ सुझाव दिये, कुछ सेल्स और मार्केटिंग के टिप्स दिये। इसके बाद उन्होंने एक ऑफर दिया। वे बोले, "आप दोनों में जिसका भी दस लाख रुपये का सिंगल ऑर्डर एडवांस पेमेंट के साथ आएगा उसे लैपटॉप दूँगा। दोनों के आएंगे तो दोनों को दूँगा।"

हम दोनों ख़ुश हो गए। लेकिन मन ही मन सोच रहे थे कि पता नहीं दस लाख का सिंगल ऑर्डर आयेगा भी या नहीं। आयेगा भी तो पता नहीं कब तक आयेगा।

निशांत जी का दस लाख एडवांस पेमेंट का सिंगल ऑर्डर अगले महीने ही आ गया। अर्जुन सर ने उन्हें एक नया लैपटॉप दे दिया। मेरे ऑर्डर आ रहे थे। लेकिन सिंगल ऑर्डर एडवांस पेमेंट के साथ नहीं आ रहा था।

मेरा दस लाख का सिंगल ऑर्डर एडवांस पेमेंट के साथ दो महीने बाद आया, गणेश विंडो एंड डोर्स, रायपुर वाले डीलर का। मैंने उनसे एबीएस पाइप और फ़िटिंग्स के दस लाख का ऑर्डर एडवांस पेमेंट के साथ लिया था। इसके बाद मुझे भी लैपटॉप मिल गया।

डिस्ट्रीब्यूटर का विजिट और अंधेरी रात
अक्टूबर 2010

मेल्टिंग इंडस्ट्रीज का ऑफिस फरीदाबाद में था, वो भी शहर से दूर रिमोट एरिया में। इसलिए जब भी कोई डीलर या डिस्ट्रीब्यूटर मीटिंग के लिए आते तो मुझे उसे रिसीव करने रेलवे स्टेशन या एयर पोर्ट जाना होता था। दिल्ली में ऑफिस होता तो वे ख़ुद टैक्सी लेकर आ जाते। उस वक्त मेरे पास कोई कार नहीं थी। इसलिए किसी गेस्ट या डीलर डिस्ट्रीब्यूटर को लेने जाने के लिए मेरु कैब्स बुक कर लिया करता था।

आज़ इंदौर से डिस्ट्रीब्यूटर के साथ एमपी का एरिया मैनेजर मीटिंग के लिए ऑफिस आया था। वे लोग ट्रेन से आए थे। एमपी का एरिया मैनेजर मिस्टर तिवारी एक दिन पहले ही बोल दिया था, "सर आप स्टेशन हमे लेने नहीं आइयेगा। हम टैक्सी लेकर आ जायेंगे।"

मैं बोला, "ठीक है।" और मैं बस से ऑफिस पहुँच गया।

ऑफिस में एमपी के डिस्ट्रीब्यूटर से पूरे दिन मीटिंग होती रही। वे पीपीआर के डिस्ट्रीब्यूटर थे। उनका पीपीआर पाइप का इंडस्ट्रियल सप्लाई था। बीच में हम लोगों ने लंच भी लिया। यह मीटिंग शाम देर तक चलती रही, क्योंकि डिस्ट्रीब्यूटर और एरिया मैनेजर के वापसी का ट्रेन का टिकट फरीदाबाद से ही था, इसलिए उन्हें कोई जल्दी नहीं थी।

रात 8:20 बजे इन लोगों की ट्रेन थी। हम लोग 7:45 बजे ऑफिस से निकले। स्टेशन पहुंचने का रास्ता 15 मिनट की दूरी पर था। स्टेशन तक छोड़ने अर्जुन

सर ख़ुद आये थे। क्योंकि उस दिन अर्जुन सर का ड्राइवर छुट्टी पर था। साथ में मैं भी था।

हमलोग 8 बजे रेलवे स्टेशन पहुँच गए। अर्जुन सर हमे छोड़कर चले गये। उन्होंने मुझसे बोला "अशोक जी आपको भी मैं बस स्टैंड छोड़ दूँ ?"

मैंने मना कर दिया, "नहीं सर। मैं चला जाऊँगा।"

अर्जुन सर चले गए। अभी ट्रेन आने में 20 मिनट की देरी थी। मिस्टर तिवारी बोला, "सर, अभी ट्रेन आने में काफ़ी देर है। डिनर कर लेते हैं।"

सब लोग डिनर के लिये तैयार हो गये। आस पास रेस्टोरेंट ढूंढा। कोई ढंग का और साफ़ सुथरा रेस्टोरेंट नहीं मिला। हम लोगों ने डिनर का प्रोग्राम कैंसिल कर दिया।

डिस्ट्रीब्यूटर बोले, "रहने दीजिए सर, हम लोग ट्रेन में ही खाना मंगा लेंगे।"

वे लोग ट्रेन में बैठकर चले गए। मैं स्टेशन से बाहर आया। रिक्शा ढूंढा, कोई रिक्शा नहीं था। मैंने आस पास के लोगों से पूछा, "मुझे बस स्टैंड जाना है। रिक्शा कहाँ मिलेगी।"

एक चाय वाले ने बोला, "बाबूजी, इस वक्त रिक्शा नहीं मिलेगी।" फिर पूछा, "वैसे जाना कहाँ है आपको ?"

मैं बोला, "मुझे बस स्टैंड जाना है, दिल्ली के लिए बस लेनी है।"

चाय वाला बोला, "बाबू जी, बस स्टैंड दूर है। पैदल नहीं जा सकेंगे।" फिर एक तरफ़ रास्ता दिखाते हुए बोला, "ये रास्ता हाईवे को जाता है। ज़्यादा दूर नहीं है। 5-7 मिनिट पैदल में पहुँच जाइयेगा। वहाँ से दिल्ली की बस मिल जायेगी।"

मेरे पास कोई दूसरा रास्ता नहीं था। मैं उसके बताए रास्ते पर बढ़ गया। कुछ लोग उसी रास्ते पर चले जा रहे थे। लगभग 500 मीटर आगे जाने के बाद बिल्कुल घुप्प अंधेरा था। ठीक से रास्ता भी नहीं दिख रहा था। आगे पेड़ों की झाड़ियाँ नजर आ रही थी। मुझे डर लगने लगा। मैं कुछ देर वहीं खड़ा रहा। आगे जाने की हिम्मत ही नहीं हो रही थी। पीछे से एक आदमी आता दिखायी दिया। जैसे ही वह मेरे नज़दीक आया मैंने पूछा, "भैया, ये रास्ता आगे हाईवे तक जाएगी क्या?"

वह आगे चलते हुए बोला, “हाँ, मैं भी हाईवे तक जा रहा हूँ। आ जाइये।”

मैं उस आदमी के पीछे हो लिया। फिर भी मुझे बहुत डर लग रहा था। कोई चोर आ गया तो! मेरे पास लैपटॉप बैग था।

क़रीब 6-7 मिनट चलने के बाद हम हाईवे पर पहुँच गए। अब मेरी जान में जान आई। हाईवे पर गाड़ियाँ फर्राटे भरते हुए दौड़ी चली जा रही थी। सामने एक अंडे वाला ठेले पर अंडे बेच रहा था। मैं उसके पास जाकर पूछा, “भैया, दिल्ली की बस कहाँ से मिलेगी?”

उसने कुछ दूर एक बस स्टैंड दिखाते हुए बोला “दिल्ली की बस वहाँ से मिलेगी।”

मैंने अपनी घड़ी देखा, 9 बज चुके थे। मुझे तेज भूख लगी थी। मैंने अंडे वाले से उबले अंडे लेकर खाये। फिर दिल्ली जाने वाली बस में बैठ गया।

मैं रात 11:20 बजे घर पहुँचा।

-:-　　-:-　　-:-

झाबुआ के लुटेरे और कड़कनाथ
अगस्त 2016

मैं एमपी के टूर पर इंदौर में था। दो दिन लोकल मार्केट करने के बाद बाहर जाने का प्रोग्राम बना। दो दिन के लिये रतलाम, धार, बड़वानी और झाबुआ का प्रोग्राम फाइनल हुआ था। उस वक्त इंदौर में दो सेल्स एक्ज़ीक्यूटिव्स काम कर रहे थे, मिस्टर जे सी और मिस्टर बाल मुकुंद।

एक टैक्सी हायर किया और अगले दिन हम तीनों टूर के लिये निकल गये। हम लोग कई छोटे शहरों जैसे ओंकारेश्वर, उज्जैन के डीलरों से मिलते हुए पाइप और टैंक के ऑर्डर कलेक्ट करते हुए चल रहे थे। हमारा अगला पड़ाव झाबुआ का था।

टैक्सी में हम बातें करते हुए चल रहे थे। झाबुआ जाने के रास्ते में कहीं-कहीं एक तरफ़ ऊँचे-ऊँचे टीले और पहाड़ियाँ थीं और दूसरी तरफ़ गहरी खाई। कार का ड्राइवर बोला, "साहेब, इस रास्ते पर शाम के बाद चलना खतरनाक है।"

मैं बोला, "क्यों, क्या बात है?"

ड्राइवर बोला, "इस रास्ते पर शाम के बाद लुटेरे पहाड़ियों और गहरी खाइयों में छिप कर बैठे रहते है और रास्ते पर बड़े-बड़े पत्थर रख देते हैं। फिर जैसे ही यहाँ से कोई गुजरता है, उसे गाड़ी रोकनी पड़ती है। इसी बीच झाड़ियों और पहाड़ियों में छिपे लुटेरे आ जाते हैं। वे अपने चेहरे कपड़े से ढके रहते हैं और उनके हाथ में मोटे-मोटे डंडे रहते हैं।"

मैं बोला, "अच्छा! यह तो फिर बहुत खतरनाक इलाका है। सारा सामान लूट लेते होंगे।"

ड्राइवर बोला "हाँ, साहेब। सारा सामान लूट लेते हैं और पीटते भी है।"

मैं आश्चर्य से पूछा "पिटते क्यों है?"

ड्राइवर बोला, "इन लुटेरों का कहना है कि ये लोग बिना मेहनत के नहीं खाते हैं। सामान लूटने के बाद ये यात्रियों को पिटते है। इनका मानना है कि यात्रियों को पीटने में इन्हें मेहनत लगती है और ये मेहनत का खाते हैं।"

मुझे आश्चर्य हुआ। ऐसा भी सोचते है लोग। खैर, हम लोग दोपहर के पहले ही झाबुआ पहुँच गए थे।

झाबुआ पहुचने के पहले ही ड्राइवर बोला, "साहेब, झाबुआ का कड़कनाथ बहुत फेमस है। झाबुआ जा रहे हैं तो इसका टेस्ट जरूर लीजियेगा।" कड़क नाथ एक विशेष प्रकार के मुर्गे की प्रजाति है।

मैं बोला, "ठीक है। कड़कनाथ का टेस्ट करवा देना।"

झाबुआ हम लोग लगभग एक बजे पहुँच गये। सबों को भूख लग रही थी। हम लोग झाबुआ पहुंचकर एक ढाबा पर रुके और कड़क नाथ बनाने का ऑर्डर दे दिया।

ढाबे वाला बोला, "साहेब, कड़क नाथ बनने में समय लगता है। कम से कम आधे घंटे लगेगा।"

मैं बोला, "कोई बात नहीं। लेकिन कड़क नाथ बढ़िया बननी चाहिये। मैं पहली बार खाने वाला हूँ।"

हम सबों ने जमकर कड़क नाथ का स्वाद लिया। केवल मिस्टर जे सी शाकाहारी था। उसने दाल रोटी खायी।

खाने के बाद हम लोग मार्केट में डीलर से मिले। यहाँ दो ही डीलर थे। लेकीन इसी बीच मेरी तबीयत ख़राब होने लगी। मुझे लूस मोशन शुरू हो गया।

कड़क नाथ ने कमाल कर दिया था। शायद मुझे कड़क नाथ डाइजेस्ट नहीं हुआ था। मैंने मेडिकल स्टोर से मेडिसिन लिया और वापस इंदौर के लिए चल दिया। आगे जाने का प्लान कैंसिल कर दिया।

हम लोग इंदौर रात लगभग 10 बजे पहुचे। इस बीच रास्ते में मुझे 4-5 बार टॉयलेट जाना पड़ा। मेरी हालत ख़राब हो गई थी। बहुत ज़्यादा कमजोरी लगने लगी थी।

इंदौर में कंपनी के एक डिस्ट्रीब्यूटर थे मिस्टर सुनील चौबे। वे डिस्ट्रीब्यूटर कम मेरे फ्रेंड ज़्यादा थे। उनसे मेरी बहुत अच्छी दोस्ती थी। मैंने उन्हें पहले ही बता दिया था कि मेरी तबीयत ख़राब हो रही है। मैं इंदौर वापस आ रहा हूँ। मुझे कोई डॉक्टर से दिखा दीजिएगा।

जैसे ही मैं इंदौर पहुचा। वे तुरंत मुझे अपने फैमिली डॉक्टर के पास ले गए। डॉक्टर मेरा ही इंतेजार कर रहे थे। शायद सुनील जी ने उन्हें पहले ही सूचित कर दिया था। डॉ ने मुझे अच्छी तरह से जाँच किया फिर बोला, "डरने की बात नहीं है। सब ठीक है। कुछ नहीं हुआ है। डाइजेशन की प्रॉब्लम है।"

इन्होंने कुछ मेडिसिन दिया और बोले, "इसे खा लीजिगा। कल शाम तक बिल्कुल ठीक हो जाइएगा।"

मेडिसिन्स लेकर मैं होटल आ गया। सुनील जी मुझे होटल तक छोड़ने आए। दो दिनों तक मैं कहीं नहीं गया। सुनील जी अपने घर से सुबह शाम खिचड़ी भेज देते थे। दो दिनों तक मैंने केवल खिचड़ी खाई।

तीसरे दिन मैं ठीक हो गया।

जनरल मैनेजर में प्रमोशन
अक्टूबर 2017

मेरे जॉइन करने के पहले मेल्टिंग पाइप का बिज़नेस केवल नार्थ इंडिया में फ़ैला था। यहाँ इनकी पकड़ अच्छी थी। ये कंपनी लगभग 10-12 सालों से नार्थ इंडिया में अपना बिज़नेस कर रही थी। लेकिन इसके बाहर ईस्टर्न इण्डिया और नार्थ ईस्ट इंडिया में कंपनी ने अपना बिज़नेस बढ़ाने का कभी प्रयास नहीं किया था। पूरे यू पी में कंपनी का अच्छा बिज़नेस था। लेकिन इनके ऑफिस से मात्र 300 किलोमीटर दूर ग्वालियर जो मध्य प्रदेश में है, कोई बिज़नेस नहीं था।

मुझे कंपनी जॉइन किये हुए 6 साल हो गये थे। इतने दिनों में कंपनी का बिज़नेस पूरे ईस्ट, सेंट्रल एंड नार्थ ईस्ट राज्यों में फ़ैल गया था। सेंट्रल इंडिया के मध्यप्रदेश और छतीसगढ़, ईस्ट इंडिया के बिहार, झारखंड, बंगाल और उड़ीसा तथा वेस्ट इंडिया के गुजरात तक मेरे आने के बाद कंपनी का बिज़नेस शुरू हो गया था। इसके अलावा महाराष्ट्र के नागपुर में भी कंपनी का प्रोडक्ट्स बिक रहा था। इन सभी राज्यों में कंपनी के डीलर डिस्ट्रीब्यूटर और सेल्स टीम काम कर रहे थे। यहाँ तक की दिल्ली से लगभग 2500 किलोमीटर दूर और डिस्टर्ब राज्य असम में भी कंपनी का डिस्ट्रीब्यूटर और सेल्स टीम काम कर रहे थे। सभी राज्यों को मिलाकर मेरे अन्दर में 7 एरिया मैनेजर और लगभग 20 सेल्स एक्ज़ीक्यूटिव्स काम कर रहे थे।

मध्य प्रदेश में कंपनी का बिज़नेस इतना ज़्यादा बढ़ गया था कि जब कंपनी को नार्थ इंडिया में टैंक का प्लांट लगाने की ज़रूरत हुई तो मैनेजमेंट ने ग्वालियर में टैंक का प्लांट लगाने का निर्णय लिया।

कंपनी के डायरेक्टर अर्जुन सर के साथ हमने लगभग हर राज्य में टूर किया था। यहाँ तक की बिहार झारखंड, जैसे राज्य में जहाँ आना तो दूर, नॉर्थ इंडिया वाले उसके नाम से ही डरते हैं वहाँ भी अर्जुन सर ने लगातार 10 दिनों तक कार द्वारा ट्रेवल किया था। उन्हें जरा भी डर नहीं लगा। उन्होंने असम के गुवाहाटी में भी मेरे साथ कई बार टूर किया था।

असम के गुवाहाटी और गुजरात के अहमदाबाद को छोड़कर सभी राज्यों में कंपनी का एबीएस पाइप ही ज़्यादा बिक रहा था। एबीएस की तुलना लोग सीपीवीसी पाइप से करते थे। एबीएस पाइप सीपीवीसी पाइप से हर तरह से अच्छा था। इन राज्यों में कहीं-कहीं थोड़ी बहुत पीपीआर पाइप की सेल थी। असम के गुवाहाटी और गुजरात के अहमदाबाद में केवल पीपीआर की सेल थी।

अर्जुन सर मेरे परफॉरमेंस से ख़ुश थे। एक दिन मीटिंग में मैंने उनसे रिक्वेस्ट किया, "सर, मैं लगभग आठ साल से रीजनल मैनेजर के पोस्ट पर काम कर रहा हूँ। दो साल पी पी इंडस्ट्रीज में और छह साल यहाँ मेल्टिंग इंडस्ट्रीज में।"

अर्जुन सर बोले, "फिर, आप क्या चाहते हैं?"

मैं बोला, "सर, मैंने कंपनी का बिज़नेस इतने सारे राज्यों में विस्तार कर दिया है। मुझे एक प्रमोशन चाहिए।"

अर्जुन सर हँसते हुए बोले, "मुझे बड़े साहेब से पूछना पड़ेगा।" कंपनी के सारे स्टाफ और अर्जुन सर कंपनी के एमडी को बड़े साहेब बोलते थे। फिर कुछ सोचते हुए बोले, "ठीक है। जनवरी तक रुकिये। लेकिन सैलरी बढ़ाने के लिये अभी नहीं बोलियेगा। सैलरी अप्रैल में ही बढ़ेगी।"

मैं खुश होकर बोला, "ठीक है सर। कोई बात नहीं अभी सैलरी मत बढ़ाइये।"

जनवरी के नये साल में मुझे प्रमोशन लेटर मिल गया। अब मैं कंपनी का जेनरल मैनेजर था, लेकिन मेरी सैलरी नहीं बढ़ी थी। सैलरी अप्रैल में ही बढ़ी, सभी एम्प्लॉय के साथ।

-:-   -:-   -:-

पानी टंकी की गारंटी
अप्रैल 2018

आज के कम्पेटिटिव मार्केट में कंपनियों का ग्रोथ सिंगल प्रोडक्ट्स के साथ सीमित रहता है। सभी कंपनियाँ मार्केट में अपनी हिस्सेदारी बनाये रखने के लिये अपने प्रोडक्ट्स पोर्टफोलियो को डाइवरसीफ़ाई करती है। प्रोडक्ट्स डाइवरसीफ़ाई एक ऐसी स्ट्रैटेजी है जिसमें किसी व्यक्ति, कंपनी या संगठन द्वारा अपनी संपत्ति, प्रोडक्ट्स, सर्विसेज़ या मार्केट को विविध बनाने का प्रयास किया जाता है। विविधीकरण का उद्देश्य बिज़नेस रिस्क को कम करना और इनकम और प्रॉफ़िट्स को बढ़ाना है।

लगभग 10-11 वर्षों तक मेल्टिंग इंडस्ट्रीज केवल पीपीआर पाइप्स पर ही फोकस कर रही थी। इसके पास केवल एक प्रोडक्ट था। कंपनी उसी एक प्रोडक्ट की सेल को बढ़ाने में लगी थी। लेकिन पिछले कई सालों में मेल्टिंग कंपनी ने अपने प्रोडक्ट्स को काफ़ी तेज़ी से डाइवरसीफ़ाई किया था। इस कंपनी ने पिछले 6-7 सालों में एक के बाद एक बहुत सारे नए प्रोडक्ट्स मार्केट में उतार दिए थे; जिसमें एबीएस पाइप्स एंड फिटिंग्स, सीपीवीसी पाइप्स एंड फ़िटिंग्स, पीवीसी पाइप्स एंड फ़िटिंग्स, एग्री पाइप्स एंड फ़िटिंग्स तथा एस डबल्यू आर पाइप्स एंड फ़िटिंग्स प्रमुख हैं।

पानी की कमी हर जगह है, चाहे वह गाँव हो या शहर। यह हर घर की एक समस्या बन चुकी है। इसलिये हाल के कुछ वर्षों में पानी टंकी का बिज़नेस भी काफ़ी तेज़ी से बढ़ा है। जैसे-जैसे लोगों की आमदनी बढ़ी है, लोग गाँव में भी पानी की टंकी लगाने लगे हैं। पानी की टंकी की मार्केटिंग का एक और बड़ा बेनेफिट है। यह फ्री का ब्रांड प्रमोशन भी करता है। किसी डीलर की दुकान में

किसी कंपनी का लाखों रुपये के पाइप रखा हो तो किसी को पता नहीं चलता है कि इस नाम का कोई कंपनी / ब्रांड भी है, लेकिन अगर 4-5 हज़ार रुपये की एक पानी की टंकी दुकान के बाहर रखी हो तो आते जाते सबों को पता चल जाता है कि इस नाम की कोई कंपनी / ब्रांड है. इस तरह यह एक तरह की ब्रांडिंग का भी काम करता है। कस्टमर को आते-जाते पता चल जाता है कि इस नाम की कोई कंपनी है, जो पानी की टंकी बनाती है। बहुत सारी कम्पनियाँ पानी की टंकी के बिज़नेस में थी।

मेल्टिंग कंपनी के मैनेजमेंट ने भी पानी की टंकी को मार्केट में उतार दिया था। समूचे इंडिया में इनका मार्केट नेटवर्क और सेल्स टीम पहले से था। बहुत जल्दी ही मेल्टिंग कंपनी का पानी की टंकी पॉपुलर हो गया। इसकी डिमांड मार्केट में इतनी ज़्यादा बढ़ गई कि कंपनी को दो साल के अंदर वाटर टैंक की दो और फैक्ट्रियाँ लगानी पड़ गई। कंपनी की पहली फैक्ट्री उत्तराखंड के रुड़की में थी। इसके बाद कंपनी ने दूसरी फैक्ट्री मध्यप्रदेश के ग्वालियर में और तीसरी कर्नाटक के बंगलौर में लगा दी।

इंडिया में उसी समय पानी की टंकी बनाने की एक नई ब्लो मोल्डेड टेक्नोलॉजी आई थी, जिसकी प्रोडक्शन कैपेसिटी पुरानी टेक्नोलॉजी से बहुत ज़्यादा थी और इस टंकी की लाइफ भी पहले से ज़्यादा थी। इस टेक्नोलॉजी के आने के बाद कंपनियों में टंकी की गारंटी देने की होड़ लग गई। कन्वेंशनल (रोटोमोल्ड) टेक्नोलॉजी से बनी टंकी की गारंटी सभी कंपनियों की जहाँ 8 से 10 साल के बीच थी, वहीं ब्लो मोल्डेड टेक्नोलॉजी से बनी टंकी की गारंटी कंपनियों ने डबल से भी ज़्यादा कर दिया। किसी कंपनी ने टंकी की गारंटी 20 साल कर दी तो किसी ने 25 साल, जो बाद में सभी टंकी मैन्युफैक्चर्स की एक बहुत बड़ी भूल साबित हुई और यह सबों का सिरदर्द बन गया।

शुरुआत के दो-तीन साल पानी की टंकियों में ज़्यादा कंप्लेंट्स नहीं आई। लेकिन उसके बाद कंप्लेंट की बाढ़ सी आ गई। केवल मेल्टिंग टंकी में ही नहीं, ब्लोमोल्डेड टेक्नोलॉजी से बनी सारी कंपनियों में। एक समय तो ऐसा आया कि जितनी टंकियाँ मार्केट में सेल होती उसका 25-30 % कंप्लेंट्स में वापस आ जाती थी। सारी कंपनियाँ हिल गई। जिस कंपनी का रोटोमोल्डेड टैंक था, उसे तो ज़्यादा प्रॉब्लम नहीं आई। लेकिन जो कंपनी केवल ब्लोमोल्डेड टंकियाँ बना रही थी, उसे ज़्यादा प्रॉब्लम्स होने लगी। कस्टमर और डीलर / डिस्ट्रीब्यूटर का इन टंकियों पर से भरोसा उठने लगा। कई डीलर और डिस्ट्रीब्यूटर ने तो ब्लो मोल्डेड टंकी बेचना बंद कर दिया या कम कर दिया था।

मेल्टिंग कंपनी को भी प्रॉब्लम होने लगी। शुरू में कंपनी टंकियाँ बदल कर देती रही, लेकिन जब प्रॉब्लम ज़्यादा बढ़ गई तो कंपनी ने हाथ खड़े कर दिये। कंपनियों के लिए टंकी बदलना प्रॉब्लम्स नहीं था। प्रॉब्लम था डिफेक्टिव टंकी को वापस अपनी फैक्ट्री तक लेकर आना। बिक्री के समय तो टंकियाँ ट्रक में भरकर डीलर या डिस्ट्रीब्यूटर के पास चली जाती थी। वही टंकी आगे रिटेलर या कस्टमर के पास शहर के किसी कोने में, किसी छोटे कस्बे में या किसी गाँव में लोग ख़रीदकर ले जाते थे। जब कंप्लेंट आने लगी तो किसी डीलर के पास 2 टंकी होते थे तो किसी के पास 5 या 7 टंकी या किसी कस्टमर के पास केवल एक टंकी। डिस्ट्रीब्यूटर डीलर या कस्टमर सभी चाहते थे कि कंपनी जैसे ट्रक का भाड़ा देकर पानी की टंकी बेची है, उसी तरह से कंपनियाँ भाड़ा देकर पानी की टंकी लेकर जाए और नया बदल कर दे। ये प्रैक्टिकल संभव नहीं थी। फिर भी शुरू में कंपनी ने अपना ट्रक भेजकर सभी डीलर डिस्ट्रीब्यूटर को टंकी बदलकर दिया। यहाँ तक कि बिहार, झारखंड उड़ीसा जैसे सुदूर जगहों से भी कंपनी ने अपना ट्रक भेजकर डिफेक्टिव टंकियाँ मंगायी और

बदलकर नई दी। लेकिन जब बहुत ज़्यादा रिप्लेसमेंट आने लगी तो कंपनी ने हाथ खड़े कर दिए। फिर बाद में कंपनी ने पानी की टंकी का बिज़नेस ही बंद कर दिया।

-:- -:- -:-

करोना का कहर और वैश्विक मंदी
मार्च 2021

मार्च 2020 में विश्वव्यापी कोरोना का कहर आया था। कोरोना ने समूचे दुनिया को अपने घरों में क़ैद कर दिया था। भारत में भी मोदी जी ने 22 मार्च, 2020 को समूचे देश में लॉकडाउन लगा दिया था। यातायात के सारे साधन एकाएक ठप हो गये थे। सारे लोग जहाँ थे, वहीं फँस कर रह गए थे। लाखों लोग पैदल अपने घरों को जाने को मजबूर हो गए थे। बहुत सारे लोग तो रास्ते में ही मर गये थे।

इस कोरोना महामारी का प्रभाव कंपनियों और उसके एम्प्लॉयीज पर भी पड़ा। कई महीनों तक फैक्टरियाँ बंद रही। सारे एंप्लाई घर बैठे रहे। इस महामारी का जबरदस्त प्रभाव मेल्टिंग कंपनी पर भी पड़ा। मेल्टिंग कंपनी पहले ही पानी की टंकी के कंप्लेन से जूझ रही थी। पानी की टंकी के कंप्लेन के चलते कंपनी के दूसरे प्रोडक्ट्स की सेल पर भी भारी असर पड़ा था। बहुत सारे डीलर-डिस्ट्रीब्यूटर पहले ही नाराज बैठे थे। डीलर-डिस्ट्रीब्यूटर के पास ज़्यादा डिफेक्टिव टंकी होने के कारण उन्होंने कंपनी के पैसे रोक दिये, जिससे कंपनी को जबरदस्त नुकसान हुआ था।

पानी की टंकी की प्रॉब्लम से कंपनी उबर ही रही थी कि कोरोना ने कंपनी की कमर तोड़ दी। लॉकडाउन के चलते तीन महीने तक कंपनी का ऑफिस और फैक्ट्री बंद रही। जब लॉकडाउन हटा तो भी कई महीने तक मार्केट में कोरोना का दहशत बना रहा। लोग बाहर निकलने से डरते थे। किसी के साये से भी डर लगता था, लोगों ने हाथ मिलाना बंद कर दिया था। बिना मास्क के घर से बाहर निकलने पर सरकार जुर्माना लगा रही थी। स्कूटर-बाइक पर एक और

कार में दो लोगों से ज़्यादा बैठने की मनाही थी। ऐसे माहौल में कंपनी का पानी की टंकी ही नहीं, कंपनी के दूसरे सारे प्रोडक्ट्स की सेल भी ठप्प हो गई थी। सिर्फ़ मेल्टिंग कंपनी ही नहीं, सभी छोटी-बड़ी कंपनियों का यही हाल था। बहुत सारी छोटी कंपनियाँ बंद हो गईं और बड़ी कंपनियों ने अपने कर्मचारी को निकाल दिया था या उनकी सैलरी कम कर दी थी।

मेल्टिंग कंपनी की स्थिति भी अच्छी नहीं थी। लॉकडाउन में कंपनी के बहुत पैसे डीलर के पास फँस गए। कंपनी की सेल भी काफ़ी कम हो गई थी। हमारे टीम के बहुत सारे सेल्स पर्सन छोड़ कर चले गए थे। ऐसी स्थिति में अर्जुन सर की सलाह पर मैंने रिजाइन कर दिया था।

-:- -:- -:-

‘आरटी मार्केटिंग एरीना’ कंपनी अक्तूबर 2021

मेल्टिंग कंपनी को रिजाइन करने के बाद मैंने गवर्नमेंट कांट्रेक्टर को पाइप सप्लाई करना शुरू कर दिया था। मैंने डिसाइड किया था कि अब मैं कोई जॉब नहीं करूँगा। मेरे कुछ सहकर्मी कांट्रेक्टर से ऑर्डर लेकर हमे भेजते और मैं मैन्युफ़ैक्चरिंग कंपनी से सप्लाई करने के लिए डील करता। इसी बीच कुछ सहकर्मी की सलाह पर मैंने अपनी एक ट्रेडिंग कंपनी खोल दिया। कंपनी का नाम था - आर टी मार्केटिंग एरीना। अपनी कंपनी का वेवसाइट बनाकर कई ऑनलाइन पोर्टल जैसे भारत मार्ट, गूगल आदि में रजिस्टर्ड करा दिया।

इसी बीच हमें छतीसगढ़ से जेजेएम का एक बड़ा ऑर्डर मिला। उसके लिए मैं सप्लायर ढूंढना शुरू किया। मैंने कई कंपनियों से रेट मंगाए। सबके रेट बहुत ज़्यादा थे। फिर किसी फ्रेंड ने मुझे आगरा की एक कंपनी ‘जय कमल इंडस्ट्रीज़’ का नाम बताया। मैंने उसका रेट मंगाये। उसके रेट ठीक थे।

मैं अगले दिन ही आगरा चला गया। जय कमल इंडस्ट्रीज ने हमारा खूब आवभगत किया। रेलवे स्टेशन से लेने के लिए कार भेज दिया। उनकी एक फैक्ट्री आगरा में और एक मथुरा में थी। उसने हमें दोनों फैक्ट्री का विजिट कराया। इसने प्रोडक्शन और क्वालिटी भी दिखाया। मैं उसकी बातों से इंप्रेस्ड हो गया और लगभग 15 लाख का ऑर्डर के साथ उसे आधा पेमेंट एडवांस दे दिया।

जय कमल इंडस्ट्रीज के मालिक मिस्टर गर्ग मुझे 15 दिनों में मटेरियल सप्लाई करने का आश्वासन दिया था। लेकिन हमें बाद में पता चला कि वह एक नंबर का झूठा आदमी था। उसका असली खेल 15 दिनों के बाद शुरू हुआ। 15

दिन बोलकर उसने एक महीने बाद भी मटेरियल प्रोडक्शन नहीं किया। कुछ ना कुछ बहाना करने लगा और मेरा फ़ोन उठाना भी बंद कर दिया। मैं थक हारकर फिर आगरा चला गया। वहाँ वह मिला। कुछ ना कुछ बहाना करता रहा। पाइप प्रोडक्शन हो गया था। लेकिन सिपेट (सेंट्रल इंस्टिट्यूट ऑफ़ प्लास्टिक इंजीनियरींग टेक्नोलॉजी) का टेस्ट नहीं हुआ था। मैं तीन दिनों तक वही पड़ा रहा। तब जाकर उसने सिपेट से इंस्पेक्शन कराया। 15 दिन बोलकर उसने 37 दिनों में पाइप सप्लाई किया। इसमें भी 6 मीटर का एक साइज का इंस्पेक्शन नहीं करा सका था।

मुझे बहुत परेशानी हुए। उस 6 मीटर पाइप का इंस्पेक्शन नहीं होने के कारण कांट्रेक्टर को पेनल्टी देनी पड़ी। इसके बाद मैंने मैनुफैक्चरिंग कंपनी बदल दी। अगले ऑर्डर के लिये मैंने पटना की एक कंपनी भारत पाइप से कांटेक्ट किया। उसके डायरेक्टर अच्छे थे। उन्होंने हमें बहुत सपोर्ट किया। उसने अपने वादे के अनुसार पूरा मटेरियल 15 दिन में सप्लाई कर दिया।

इसके बाद हमने गवर्नमेंट कांट्रेक्टर को पाइप सप्लाई करना बंद कर दिया क्योंकि छतीसगढ़ में अब क्वालिटी के अनुसार रेट मिलने बंद हो गए थे।

मैंने आरटी मार्केटिंग एरीना का रजिस्ट्रेशन भारत मार्ट में करा रखा था। इसमें कस्टमर और कांट्रैक्टर के डायरेक्ट ऑर्डर आते थे। सामान्यतः भारत मार्ट में जिस आइटम्स के ऑर्डर आते वो किसी कंपनी से या किसी डिस्ट्रीब्यूटर से आसानी से मिल जाती थी। हालाँकि भारत मार्ट के 70% इंक्वायरी फेक होती है। फिर भी मैं उसके हर इंक्वायरी को कांटेक्ट करता था।

एक बार कश्मीर वैली से व्हाइट पीपीआर पाइप की एक बड़ी इंक्वायरी मिली। किसी कस्टमर को व्हाइट पीपीआर पाइप की जरूरत थी। मैंने व्हाइट पाइप बनाने वाली सभी कंपनियों, जैसे मेल्टिंग कंपनी, मैरो मैक्स, बी पी टी, बेक्टेस

आदि से बात किया। सभी ने व्हाइट पीपीआर देने से मना कर दिया। असल में वाइट पीपीआर पाइप का कश्मीर वैली में डिमांड था। इसलिए सभी कंपनीयों ने वैली में अपना डिस्ट्रीब्यूटर बना रखा था।

व्हाइट पीपीआर के कस्टमर के लगातार फ़ोन आ रहे थे। एक दिन मैं यूँ ही बैठा कुछ सोच रहा था कि उसी कस्टमर के फ़ोन आ गए। मैंने सोचा नार्थ इंडिया की सभी कम्पनियाँ कश्मीर में काम कर रही हैं। क्यों ना हम किसी ऐसी कंपनी से बात करें जो नार्थ की ना हो और कश्मीर में बिज़नेस नहीं कर रही हो। मेरी जानकारी में दो-तीन साउथ की कम्पनियाँ थीं जो कश्मीर में बिज़नेस नहीं कर रही थीं। इसमें से एक कंपनी के एमडी को मैं जानता था। कंपनी का नाम था- जलटेक।

-:- -:- -:-

जलटेक का दिल्ली में डिपो
जुलाई 2022

जलटेक कंपनी पीपीआर पाइप और पीटीएमटी (प्लास्टिक नल) बनाती थी। इसके एमडी मिस्टर गोपाल जी को मैं पहले से जानता था। कुछ साल पहले अहमदाबाद में एक एक्ज़ीबिशन में मैं उनसे मिला था। मैंने उनको फ़ोन किया, "सर! मैं दिल्ली से अशोक कुमार दांगी बात कर रहा हूँ। मुझे व्हाइट पाइप की ज़रूरत है।"

गोपाल जी बोले, "अशोक जी, मैं अभी एक मीटिंग में हूँ। एक घंटे बाद मैं आपसे बात करता हूँ।"

मैं बोला, "ठीक है सर! "

लगभग एक घंटे बाद गोपाल जी का फ़ोन आया, "बोले अशोक जी, मैं नार्थ इंडिया में अपना बिज़नेस शुरू कर रहा हूँ। अगले महीने मैं आपसे दिल्ली में मिलूँगा।" फिर वे बोले, "मैं अभी व्हाइट पीपीआर पाइप नहीं बनाता हूँ।"

व्हाइट पीपीआर का मेरा वह कस्टमर मेरे हाथ से निकल गया। अगले महीने जलटेक के एमडी गोपाल जी दिल्ली आए। मुझे एक हफ़्ते पहले फ़ोन करके मेसेज दे दिया था कि वे किस दिन दिल्ली आयेंगे और कहाँ ठहरेंगे।

गोपाल जी दिल्ली में अशोक विहार के एक होटल में ठहरे। वे साउथ इंडिया से थे। साउथ इंडियन को हिंदी लिखना-बोलना नहीं आता है। उनके साथ उनका एक रीजनल मैनेजर मिस्टर रामबाबू भी था। गोपाल जी को हिंदी नहीं आती थी। इसलिये वे अपने साथ मिस्टर रामबाबू को साथ लेकर चलते थे। रामबाबू अच्छा हिंदी बोल लेते हैं।

मैं गोपाल जी से मिलने उनके होटल गया। वे मुझसे मिलने रिसेप्शन के लॉबी में ख़ुद चलकर आए, साथ में रामबाबू भी थे। वे पूरे गर्म जोशी से मुझसे मिले। वे मेरे लिये तमिलनाडु का मशहूर स्वीट्स " मसूरपाक " लेकर आए थे।

गोपाल जी मुझसे लगभग एक घंटे तक बात करते रहे। उन्होंने बताया कि दिल्ली में उन्होंने एक डिपो ले लिया है। वहाँ वे अपना स्टॉक रखेंगे। उन्होंने बताया कि दिल्ली में उनका एक दोस्त है जो सीपी फिटिंग्स के बिज़नेस में है। उन्होंने ही इन्हें अलीपुर में डिपो दिलवाया है।

गोपाल जी बोले, "मैं नार्थ इंडिया में बिज़नेस बढ़ाना चाहता हूँ। नार्थ इंडिया की जानकारी मुझे नहीं है। इसलिए बिज़नेस बढ़ाने में आपसे मुझे मदद चाहिये।"

मैंने बोला, "सर, मेल्टिंग कंपनी छोड़ने के बाद मैं अपना ट्रेडिंग बिज़नेस कर रहा हूँ। मेरी अपनी एक ट्रेडिंग फर्म है - आरटी मार्केटिंग एरीना। मैं अब खुद का ट्रेडिंग बिज़नेस करता हूँ।" फिर मैं बोला, "मैं आपको मदद कर सकता हूँ। मुझे नार्थ, सेंट्रल, ईस्ट एंड नार्थ इंडिया के मार्केट की जानकारी है। इन जगहों पर मैं आपको सेल्स टीम दे सकता हूँ।"

वे बोले, "मुझे पीपीआर का मार्केट डेवलप करना है। मुझे गाइड कीजिये कि नार्थ में पीपीआर में क्या साइज, क्वालिटी और कौन सा रेंज ज़्यादा चलता है। मुझे दिल्ली के लिये डिपो स्टाफ और मार्केटिंग स्टाफ भी चाहिये।"

मैं बोला, "ठीक है सर। मैं आपको सेल्स और डिपो का स्टाफ दे दूँगा। मैं इस फील्ड के बहुत से लोगों को जानता हूँ।"

इस मीटिंग में डिसाइड हुआ कि मैं जलटेक कंपनी के लिए कंसलटेंट के रूप में कंपनी को नार्थ इंडिया में सपोर्ट करूँगा। इसके बदले में कंपनी मुझे हर महीने कंसल्टेंसी शुल्क दिया करेगी और सेल का 1% इंसेंटिव भी देगी।

गोपाल जी फिर बोले, ''दो दिन बाद मैं जम्मू और कश्मीर जा रहा हूँ। वहाँ मैं कुछ डीलर से मिलना चाहता हूँ।''

मैं बोला, "वहाँ एक बहुत ही अनुभवी सीनियर पर्सन का कांटेक्ट देता हूँ। वे आपको गाइड कर देंगे।"

मैंने मेल्टिंग कंपनी के रीजनल मैनेजर मिस्टर प्रकाश डाल का नंबर दिया। मैंने प्रकाश को फ़ोन भी कर दिया कि किसी कंपनी के एमडी कश्मीर जा रहे हैं। इन्हें कुछ अच्छे डीलर के कांटेक्ट दे दीजियेगा।

गोपाल जी लगभग 10 दिनों तक जम्मू एंड कश्मीर और हिमाचल के कई जगहों पर घूमने और मार्केटिंग सर्वे करने के बाद दिल्ली वापस आ गये। दो दिन पहले उनका आरएम मिस्टर रामबाबू ने फ़ोन कर बताया कि गोपाल जी वापसी में आपसे मिलेंगे। फिर उसने यह भी बताया कि वे कुछ सेल्स पर्सन से भी मिलना चाहते हैं। मैंने उन्हें बोला कि मैं मिलूँगा और 2-3 सेल्स पर्सन का भी इंटरव्यू करा दूँगा।

कुछ देर बाद रामबाबू का फिर फ़ोन आया। बोले, ''गोपाल सर आपके साथ डिनर करेंगे।''

मैं बोला, "ठीक है। मैं शाम को होटल आ जाऊँगा।"

रामबाबू बोले, "सर ने आपके लिए भी रूम बुक कराया है। आप भी उसी होटल में रुकेंगे।"

मैं बोला," मैं होटल में क्यों रुकूँगा। मैं तो यही रहता हूँ। डिनर करके अपने घर चला जाऊँगा।"

रामबाबू बोले, "सर ने रूम बुक करा दिया है।"

मैं बोला, "ठीक है। जब सर ने रूम बुक करा दिया है तो मैं रुक जाऊँगा।"

दो दिन बाद शाम को मैं उस होटल में गया जहाँ गोपाल जी रुके हुए थे। जाते ही रामबाबू ने मुझे मेरा कमरा दिखा दिया। बोले, "ये आपका कमरा है। आप यहाँ रेस्ट कीजिए। सर अपने कमरे में हैं। डिनर के समय बुलायेंगे।"

मैं उस कमरे में चला गया। रेस्ट क्या करना। मैं तो एक घंटे ड्राइव करके घर से ही आया था। मैंने टीवी ऑन किया और न्यूज़ देखने लगा।

लगभग 8 बजे रामबाबू हमें डिनर के लिए बुलाने आये। मैं इनके साथ हो लिया। वे अपने कमरे में ले गये। देखा, गोपाल जी वहाँ बैठे थे। टेबल पर एक महंगी वाइन की बोतल रखी थी और तीन ग्लास भी रखे थे.

मुझे देखते ही गोपाल जी बोले, "आइए सर। पहले ड्रिंक लेते हैं।"

मैं एक कुर्सी पर बैठते बोला, "सर, आपलोग लीजिए। मैं ड्रिंक नहीं लेता।"

गोपाल जी मुझे आश्चर्य से देखने लगे। शायद उन्हें विश्वास नहीं हो रहा था कि सेल्स प्रोफेशन में होते हुए भी मैं ड्रिंक नहीं लेता। सेल्स प्रोफेशन में ऐसे विरले ही होते हैं जो ड्रिंक नहीं लेते हैं।

वे फिर बोले, "स्योर, आप नहीं लेंगे?"

मैं बोला, "यस सर, मैं नहीं लूँगा। "

गोपाल जी और रामबाबू ड्रिंक लेने लगे। मेरे लिए चिकेन बिरयानी और कई तरह के स्नैक्स मंगायी गई। ड्रिंक लेते हुए हम लोग बात करते रहे, कुछ इधर-उधर की, कुछ बिज़नेस की, कुछ इनके कश्मीर ट्रिप की और कुछ मेरे और उनके फैमिली के बारे में। मैंने डिनर खत्म किया और अपने कमरे में सोने चला गया। वे लोग अभी भी ड्रिंक ले रहे थे।

अगले दिन सुबह मैंने दो सीनियर सेल्स पर्सन का इंटरव्यू करवाया। दोनों पीपीआर इंडस्ट्रीज के सेल्स एक्सपर्ट थे, मिस्टर संजय कुमार और मिस्टर सतेंद्र कुमार। सत्येंद्र ने अगले ही महीने जलटेक कंपनी जॉइन कर लिया। लेकिन कुछ दिन बाद पता चला कि उसने पहली कंपनी छोड़ा नहीं है और दोनों कंपनी में काम कर रहा है और दोनों कंपनी से सैलरी ले रहा है। जैसे ही हमें पता चला, हमने सतेंद्र को निकाल दिया और उसको दिया हुआ सैलरी भी कंपनी को वापस करा दिया।

-:- -:- -:-

जलटेक का नार्थ इंडिया ऑपरेशन मार्च 2023

जलटेक कंपनी का नार्थ इंडिया में ऑपरेशन शुरू हो गया था। डिपो में स्टाफ़ के बैठने के लिए केबिन और पाइप रखने के लिए रैक भी मैंने बनवा दिया था। दिल्ली डिपो के लिये मैंने अपने एक अनुभवी और विश्वनीय डिपो मैनेजर विजय चौहान को अपॉइंट कर दिया था। इसके साथ तीन हेल्पर भी अपॉइंट हो गए थे। दिल्ली इंडस्ट्रियल सेल के लिए संजय कुमार, रीजनल मैनेजर और सुमन वर्मा, एरिया मैनेजर तथा जे एंड के और हिमाचल मार्केट के लिये प्रकाश डाल, रीजनल मैनेजर को जॉइन करा किया था।

कंपनी से पीपीआर पाइप का स्टॉक भी डिपो में आ चुका था। कुछ डीलर बन गए थे और मटेरियल भी सप्लाई होने लगा था।

इसी बीच प्रकाश डाल की सलाह पर कंपनी ने श्रीनगर में बहुत बड़े लेवल पर दो अलग-अलग दिन डीलर मीटिंग और प्लम्बर मीटिंग ऑर्गनाइज़ किया। इस प्लम्बर मीटिंग और डीलर मीटिंग को अटेंड करने के लिये कंपनी के एमडी गोपाल जी के अलावा पीपीआर के रॉ मटेरियल सप्लायर कंपनी के दो सीनियर ऑफिसर भी आए थे। मैं, राम बाबू और प्रकाश डाल तो थे ही।

दोनों मीटिंग बहुत सफल रहा। प्लम्बर मीटिंग में लगभग 130 प्लम्बर और डीलर मीटिंग में पूरे कश्मीर से लगभग 75 डीलर आये थे। सबों ने लंच में लजीज मटन चावल का आनंद लिया। जाते समय कंपनी ने सबों को जैकेट और मोमेंटो दिया।

अगले दिन मैं, रामबाबू और प्रकाश डाल तीनों कश्मीर के ख़ूबसूरत टूरिस्ट प्लेस दूधपत्री घूमने गये।

नार्थ इंडिया में जलटेक का बिज़नेस स्टार्ट होने के बाद गोपाल जी ने कहा कि वे गुवाहाटी में भी डिपो खोलेंगे। मैंने उन्हें मना किया कि गुवाहाटी में पीपीआर की सेल केवल गवर्नमेंट डिपार्टमेंट में है। रिटेल में वहाँ सेल नहीं है। वहाँ डिपो खोलना ठीक नहीं होगा। वहाँ ज़्यादा बिज़नेस नहीं मिलेगी।

गोपाल जी नहीं माने। वे श्रीनगर से डायरेक्ट गुवाहाटी चले गए। मैं और रामबाबू दो दिन बाद दिल्ली आकर फिर गुवाहाटी गए। गुवाहाटी में हमलोग कई डीलर से मिले जो जेजेएम (जल जीवन मिशन) प्रोजेक्ट में पीपीआर पाइप सप्लाई कर रहे थे। सभी डीलर ने बताया कि जेजेएम में जो पीपीआर सप्लाई हो रहा है, वह बहुत ही लो क्वालिटी का होता है और उसके रेट भी बहुत कम हैं। कुछ ने सैंपल भी दिखाये। गोपाल जी पहले बहुत जोश में थे कि वे जेजेएम में पीपीआर पाइप सप्लाई करेंगे। लेकिन जब लोगों ने उसके रेट और सैंपल दिखाए तो उनका सारा जोश ठंडा पड़ गया।

हम लोगों ने कई प्रॉपर्टी डीलर के द्वारा डिपो के लिए विभिन्न लोकेशन में जगह देखना शुरू किया। तीन-चार दिन घूमने के बाद एक डिपो की जगह पसंद आ गया। उस डिपो को हम लोगों ने फाइनल कर दिया।

गोपाल सर के कहने पर हमने मार्केटिंग के लिये तीन सेल्स पर्सन का इंटरव्यू कराया जिसमें से एक मिस्टर उमंग टंडन हमारे पिछले कंपनी में हमारे साथ काम कर चुके थे। वे पीपीआर पाइप के गवर्नमेंट सेल्स के एक्सपर्ट थे।

एक महीने बाद गुवाहाटी डिपो भी चालू हो गया। सेल्स के लिये उमंग टंडन को अपॉइंट किया गया था. लेकिन काफ़ी प्रयास के बावजूद वहाँ पर कोई डिपो मैनेजर नहीं मिल रहा था, इसलिए एमडी की राय लेकर मैंने मेल्टिंग

कंपनी के एक पुराने और विश्वनीय स्टाफ मिस्टर अमल वर्मा को दिल्ली से 6 महीने के लिए बुला लिया था। 6 महीने तक वह गुवाहाटी डिपो में डिपो मैनेजर के रूप का काम किया था। फिर उसे दिल्ली बुला लिया, उसे वहाँ मन नहीं लगी थी। इसके बाद एक ऑफिस बॉय अपॉइंट हो गया था।

-:-　　-:-　　-:-

गवर्नमेंट अप्रूवल का झोल झाल
मार्च 2023

एक दिन गोपाल जी का फ़ोन आया। बोले, "सर, मुझे गवर्नमेंट डिपार्टमेंट से अपने प्रोडक्ट्स का अप्रूवल कराना है। क्या आप गवर्नमेंट अप्रूवल करा सकते हैं?"

मैं बोला, "सर, मैंने गवर्नमेंट अप्रूवल कभी नहीं कराया है। मेरी जानकारी में भी कोई नहीं है जो ये काम कर सकता है।"

वे बोले, "पता कीजिए, अप्रूवल कौन कराता है। जो भी खर्च होगा, मैं दूँगा।"

मैं बोला,"मैं कोशिश करता हूँ। कोई मिलेगा तो आपको बता दूँगा।"

मैंने कई लोगों से गवर्नमेंट अप्रूवल की बात किया। सबों ने मना कर दिया। फिर एक दिन एक फ्रेंड से पाता चला कि मिस्टर अनिल गर्ग गवर्नमेंट अप्रूवल कराते हैं। मैं उनसे मिला। एमईएस, सीपीडबल्यूडी और दूसरे गवर्नमेंट विभाग में अप्रूवल की बात किया। उन्होंने बताया कि हो जायेगा। फिर उन्होंने एक मोटी फाइल दिखाई और बोला कि इस सब कंपनियों के अप्रूवल मैं ही करा रहा हूँ। मैंने पूछा कि अप्रूवल में कितना समय लगेगा तो वो बोले 2-3 महीने में हो जायेगा। उसने कंपनी प्रोफाइल और सारे डॉक्यूमेंट्स तैयार करने को कहा।

मैंने गोपाल जी से बात किया। उन्हें सारी बात बताई। वे तैयार हो गए। कंपनी प्रोफाइल और डॉक्यूमेंट्स तैयार करने में कंपनी को दो महीने लग गए।

मैंने अनिल गर्ग को सारे डॉक्यूमेंट के साथ मांगे गए पैसे भी कंपनी से दिला दिए। बीच-बीच में उन्होंने दो-तीन डॉक्यूमेंट्स और मांगे। मैंने उसे भो उपलब्ध

करा दिए। लगभग 4-5 महीने के बाद मैंने अनिल गर्ग से अप्रूवल के बारे में पूछा तो बताया कि अभी एक-दो महीने और लगेंगे। इसी बीच उन्होंने एमपी हाउसिंग बोर्ड, भोपाल का एक अप्रूवल करा दिया।

इसके बाद गोपाल जी ने भूटान में पीपीआर पाइप का अप्रूवल करने को कहा। पिछली कंपनी में मेरा एक सहकर्मी विकास वर्मा सिलीगुड़ी में रहता था। सिलीगुड़ी से भूटान नज़दीक है। मैंने विकास से भूटान अप्रूवल के लिए बात किया। वह बोला- दो दिन का समय दीजिए, मैं बताता हूँ।"

दो दिन बाद विकास ने फ़ोन किया, "अप्रूवल हो जायगा। मैंने बात कर लिया है, 15 दिन में अप्रूवल मिल जाएगा। सारे डॉक्यूमेंट्स और पैसे भेज दीजिए।"

उसने दो बार करके 40 हज़ार रुपये मांगे थे। कंपनी के सारे डॉक्यूमेंट्स मेरे पास थे ही. इसलिए डॉक्यूमेंट्स के साथ पैसे भी अपने पास से भेज दिया। सोचा कि इतना थोड़ा पैसे कंपनी से क्या मँगाऊं। 15 दिन में अप्रूवल के बाद कंपनी से पैसे माँग लूँगा।

लेकिन विकास फ्रॉड निकला। आज डेढ़ साल हो गए है। अभी तक ना तो उसने अप्रूवल दिलाया है ना मेरा पैसा लौटा रहा है। शुरू में जब भी मैं अप्रूवल के लिए पूछता तो बोल देता कि अगले महीने मिल जायेगा। इस तरह छह महीने टालता रहा। उसके बाद जब मैंने नाराजगी ज़ाहिर किया तो बोलने लगा कि जिसे पैसे दिए थे, वो बोल रहा है कि अप्रूवल नहीं हो पायेगा। वो पैसे वापस करेगा। अब वह पैसे भी वापस नहीं कर रहा है। इस तरह अप्रूवल के नाम उसने मेरे पैसे मार लिया।

उसी दरम्यान मैंने सिलीगुड़ी में जलटेक के लिए एक एरिया मैनेजर निलय मॉल को अपॉइंट किया। मैंने उसे विकास वर्मा से पैसे निकालने को कहा। शुरू में तो उसने बोला कि वह पैसे निकलवा देगा। बाद में उसने हाथ खड़े कर दिए।

फिर एक दिन वह बोला, "सर मेरा एक आदमी है भूटान में। मैंने उससे बात किया है। वह अप्रूवल करवा देगा।"

निलय मॉल कंपनी का स्टाफ था। मैंने सोचा कि वह फ्रॉड नहीं करेगा। लेकिन वह भी विकास के जैसा ही झूठा निकला। उसे भी मैंने अपने पास से पैसे दिए थे। ये मेरी दूसरी गलती थी। जब 6-7 महीने तक उसने भी अप्रूवल नहीं कराया तो मैंने पैसे वापस मांगने शुरू कर दिए। वह भी मुझे बेबकुफ़ बनाने लगा। कुछ समय बाद उसने रिजाइन कर दिया। मैंने कंपनी के एचआर मैनेजर, अकाउंट मैनेजर, सीईओ एंड एमडी को मेल किया कि निलय मॉल से मुझे पंद्रह हज़ार रुपये लेने हैं (मैंने इतने ही रुपये उसे भूटान अप्रूवल के लिए दिए थे)। आप उसकी फुल एंड फाइनल अमाउंट से पैसे काटकर मुझे दे दीजिए। कंपनी ने निलय से पैसे काट लिए, लेकिन मुझे नहीं दिया। एचआर और अकाउंटेंट बहुत दिनों तक मुझे बेबकुफ़ बनाता रहा। कभी बोलता कि सैलरी के साथ दे दूँगा, कभी टूर एक्सपेंस के साथ देने की बात करता। लेकिन अंत तक उन लोगों ने पैसे नहीं दिये। इस तरह कंपनी ने मेरे पैसे मार लिए।

एक दिन अनिल गर्ग का फ़ोन आया। जम्मू में अप्रूवल के लिए प्रेजेंटेशन है। मैं निश्चित तिथि को जम्मू के अपने रीजनल मैनेजर प्रकाश डाल को लेकर उपस्थित हो गया। प्रेजेंटेशन पीपीआर पाइप का था जिसे प्रकाश डाल ने दिया। प्रेजेंटेशन के लगभग एक महीने बाद प्रोडक्ट अप्रूवल लेटर मिल गया। यह जलटेक कंपनी के किसी सरकारी डिपार्टमेंट का दूसरा अप्रूवल था।

जम्मू में अप्रूवल सेंटर पर अरुण सिंह नाम का एक आदमी मिला। वह भी अपने कंपनी का अप्रूवल कराने आया था। शाम को हम सब एक ही ट्रेन से दिल्ली तक आए थे। वह भी बिहार का था, इसलिये उसने मुझसे कुछ ज़्यादा अपनापन दिखाया। ट्रेन से उतरते वक्त उसने मेरा मोबाइल नंबर ले लिया।

लगभग एक हफ़्ते बाद अरुण ने मुझे फ़ोन किया। बोला मुझसे मिलना चाहता है। मैंने उसे अपने घर बुला लिया। वह मेरे घर आया। आते ही पैर छूकर प्रणाम किया। कुछ देर बातचीत के बाद वह बोला कि अनिल गर्ग आपसे अप्रूवल के बहुत ज़्यादा पैसे लेता है। मैं बहुत कम पैसे में अप्रूवल करा दूँगा। मैं उसकी बातों में आ गया। उसे मैंने कंपनी के चार डिपार्टमेंट में अप्रूवल के लिए अलग अलग किस्तों में 80 हज़ार रुपये दे दिये थे। मैंने सोचा था कि कंपनी के जितने ज़्यादा अप्रूवल होंगे उतना अच्छा होगा.

लेकिन बाद में पता चला कि वह तो और भी ज्यादा फ्रॉड था. अप्रूवल के नाम पर उसने बहुत सारे कम्पनियों से पैसे ले रखा था। उसने मेरी कंपनी का अप्रूवल तो कराया नहीं, मेरे पैसे भी मार लिया। पैसे मांगने पर धमकी देता है कि जो उखाड़ना है उखाड़ लो। मैं पैसे नहीं दूँगा। वह सीपी फिटिंग्स बनाने वाली वबाना, दिल्ली स्थित एक कंपनी में काम करता था। एक दिन मैं उसके ऑफिस चला गया, वह वहाँ बैठा था। लेकिन जैसे ही मैं उसके एमडी से मिलने उनके केबिन में गया, वह भाग गया। मैं उसके कंपनी के एमडी मिस्टर बंसल से मिला. उन्हें सारी बात बताई। वो बोले कि अप्रूवल कराना उसके वस की बात नहीं है। वे तो ख़ुद किसी और से अपनी कंपनी का अप्रूवल करा रहे थे। लेकिन उन्होंने मुझे आश्वासन दिया कि वे उसकी सैलरी से पैसे काटकर मुझे वापस कर देंगे। बाद में मुझे पता चला कि उसके तुरंत बाद अरुण ने कंपनी ही छोड़ दिया था।

इस तरह कंपनी के गवर्नमेंट डिपार्टमेंट्स से अप्रूवल के नाम पर मेरे ख़ुद के लगभग 1.5 लाख रुपये डूब गये। मैं कंपनी से इस इंतेज़ार में पैसे नहीं मांगे कि जैसे ही अप्रूवल होगा पैसे माँग लूंगा। लेकिन अप्रूवल हुआ ही नहीं और मेरे पैसे लोगों ने मार लिए थे।

किसी कंपनी के गवर्नमेंट अप्रूवल का काम बहुत पेचीदा होता है। इसमें बहुत समय लगता है। लोग अप्रूवल कराने के नाम पर पैसे ठगने का धंधा करते हैं।

स्टॉक डंपिंग एंड नॉन बिलिंग स्टॉक
जुलाई 2023

कंपनी को ऑर्डर दिए दस दिन हो गए थे। मैंने डिपो मैनेजर विजय चौहान से पूछा, "पता करो कंपनी से गाड़ी कब निकल रही है?"

वह बोला, "सर, 315 एमएम और 250 एमएम का पीपीआर के पाइप नहीं बन रहा है। प्रोडक्शन वाले बोल रहे हैं क्वांटिटी बढ़ानी पड़ेगी।"

मैंने प्रोडक्शन मैनेजर से बात किया, "हम क्वांटिटी नहीं बढ़ा सकते। ये बड़े साइज का पाइप है। ये रेगुलर आइटम्स नहीं है। हमें हमारे ऑर्डर के अनुसार मटेरियल चाहिए।"

कुछ देर बाद गोपाल जी का फ़ोन आया, "सर, 315 एमएम का पाइप मिनिमम 150 मीटर और 250 एमएम का पाइप मिनिमम 500 मीटर बनाना पड़ेगा।"

मैं बोला, "सर मिनिमम क्वांटिटी जितनी जरूरत हो बना लीजिए, लेकिन दिल्ली डिपो को 315 एमएम का 56 मीटर और 250 एमएम का 200 मीटर ही चाहिये। आप एक्स्ट्रा पाइप बनाकर अगली बार के लिये फैक्ट्री में रख लीजिए।"

गोपाल जी बोले, "हमारे पास जगह नहीं है। हम यहाँ नहीं रख सकते। सारा पाइप दिल्ली डिपो को भेज देंगे।"

अगले दिन प्रोडक्शन मैनेजर का फ़ोन आया, "सर, पंद्रह टन लोड की गाड़ी मिल रही है। दिल्ली डिपो का ऑर्डर केवल दस टन है। पाँच टन और बढ़ा दीजिए।"

मैं बोला, "मेरे पास अभी और ऑर्डर नहीं है। बिना ऑर्डर के मंगायेंगे तो डिपो में डंप हो जायेगा।"

प्रोडक्शन मैनेजर बोला, "एमडी सर ने बोला है ऑर्डर बढ़ाने।"

मैंने डिपो मैनेजर को बोल दिया, "ऑर्डर बढ़ा दो। वर्ना ये लोग मटेरियल नहीं भेजेंगे।"

डिपो मैनेजर ने सेल्स टीम से बात की और ऑर्डर बढ़ा दिया। हर बार ऐसा ही हो रहा था। जब भी गाड़ी आती मिनिमम प्रोडक्शन क्वांटिटी के नाम पर एक्स्ट्रा मटेरियल आ जाता और इस तरह हर महीने स्टॉक बढ़ते जा रहा था। कई बार मेरी जानकारी के बगैर भी बिना ऑर्डर के प्रोडक्शन मैनेजर और डिपो मैनेजर मिलकर एक्स्ट्रा पीपीआर पाइप बनाकर ट्रक में भरकर भेज देते थे, क्योंकि मैनेजमेंट से निर्देश था कि ट्रक खाली नहीं जानी चाहिये। इस तरह जलटेक का दिल्ली डिपो में पीपीआर पाइप का स्टॉक लगातार बढ़ता जा रहा था, कभी मिनिमम प्रोडक्शन के नाम पर और कभी ट्रक को पूरा भरने के नाम पर। फैक्ट्री में किसी को इसके बारे में सोचने का समय नहीं था।

आज फैक्ट्री से आये ट्रक अनलोड हो रहा था। मैं भी दिल्ली डिपो में था। अनलोड होने के बाद सारे मटेरियल को तीन-चार बार चेक किया जाता है कि स्टॉक सही आया या नहीं। रिचेक करने पर पता चला कि 110 एमएम पाइप का 30 बंडल एक्स्ट्रा आ गए थे। उनका इनवॉइस नहीं था।

डिपो मैनेजर ने तुरंत मुझे बताया, "सर, 110 एमएम पाइप का 30 बंडल एक्स्ट्रा आ गया है।"

मैंने उसे फैक्ट्री बात करने को बोला। डिपो मैनेजर ने डिस्पैच मैनेजर से बात किया। डिस्पैच मैनेजर घबरा गया। बोला, "भाई, किसी को मत बताना। मैं अभी 30 बंडल पाइप का बिल भेज देता हूँ। स्टॉक बराबर हो जायेगा।"

फैक्ट्री मैनेजर ने 30 बंडल पाइप का इनवॉइस बना दिया। बाद में डिपो मैनेजर ने बताया कि हर ट्रक में कुछ ना कुछ एक्स्ट्रा पाइप आ जाता था। फिर बाद में फैक्ट्री मैनेजर बिल बना देता था।

मैंने गोपाल जी को कई बार इसके बारे में बताया कि फैक्ट्री से कई बार मटेरियल ज़्यादा आ जाता है। उन्होंने कहा कि ऐसा हो ही नहीं सकता। पूरा चेक कर मटेरियल भेजा जाता है।

अगले महीने फिर ट्रक आया। उस दिन भी मैं डिपो में था। पूरा ट्रक अनलोड होने के बाद डिपो मैनेजर विजय चौहान घबराए हुए मेरे पास आया और बोला, "सर, इस बार 90एमएम के 40 बंडल पाइप कम आए हैं।"

मैंने उसे दुबारा काउंट करने बोला. आए हुए मटेरियल को फिर से दो बार काउंट किया गया. अभी भी 40 बंडल पाइप कम था।

मैंने तुरंत एमडी गोपाल सर को फ़ोन लगाया, "सर, डिस्पैच टीम अभी भी गड़बड़ कर रहे हैं। उस बार 90 एमएम के 40 बंडल पाइप कम आए हैं।"

गोपाल जी बोले, "ये संभव नहीं है। मैंने डिस्पैच टीम को टाइट कर दिया है।"

मैं बोला, "सर, आप एक बार फैक्ट्री में चेक कराइये। मैं आज डिपो में हूँ। मेरे सामने अनलोडिंग हुआ है। हमारा स्टाफ चार बार चेक कर चुका है। पाइप के 40 बंडल कम है।"

गोपाल जी बोले, "इंतेज़ार कीजिए। मैं अभी चेक करवाता हूँ।"

आधे घंटे बाद गोपाल जी का फ़ोन आया, "सर, आप सही हैं। पाइप का बंडल फैक्ट्री में ही पड़ा है। डिस्पैच में नए लोग आए हैं। वे ट्रक में लोड करना भूल गए थे।"

मैं बोला, "सर! ये लगातार हो रहा है। इस बार केवल मटेरियल कम आया है। इसके पहले हर बार कुछ ना कुछ मटेरियल एक्स्ट्रा आता रहा है। हमें नहीं पता कि दूसरे डिपो वाले आपको एक्स्ट्रा सप्लाई की जानकारी देते हैं या नहीं। लेकिन मेरा डिपो मैनेजर ईमानदार है। हर बात की जानकारी मुझे देता है।"

गोपाल जी चिंतित होते हुए बोले, "यह सीरियस मैटर है।"

मैं फिर बोला, "मेरे अनुमान से जब से डिपो खुला है तब से अब तक पिछले डेढ़ साल में दिल्ली डिपो में लगभग 12-15 लाख का मटेरियल बिना बिल के आया है, जिसका फैक्ट्री वालों ने बाद में बिल बनाकर भेजा है। अगर हमारा डिपो मैनेजर और मैं ईमानदार नहीं होते तो आपको लाखों का नुकसान हो जाता।"

मैंने गोपाल जी को यह भी सलाह दिया कि हेड ऑफिस में एक ऑडिट टीम बनाइये जो हर डिपो में जाकर स्टॉक का ऑडिट करेगा। सेल्स टीम के पास ना तो समय है ना अनुभव कि डिपो के स्टॉक को चेक कर सके।

कुछ समय बाद गोपाल जी ने डिपो के स्टॉक को ऑडिट के लिए एक ऑडिट एजेंसी को ही हायर कर लिया था।

-:- -:- -:-

एमडी को डिनर पर इन्वाइट करना
फरवरी 2024

फरवरी 2024 में दिल्ली के द्वारका स्थित इंटरनेशनल कन्वेंशन सेंटर में आयोजित प्रदर्शनी में कंपनी ने एक स्टाल बुक किया था। एक्ज़िबिशन में कंपनी के स्टाल के डेकोरेशन, प्रोडक्ट्स डिस्प्ले और सारी व्यवस्था मेरे जिम्मे थी। उस एक्ज़ीबिशन के लिए मैंने संजय कुमार, सुमन वर्मा और प्रोजेक्ट सेल्स के लिये अप्पोइंटेड नई एग्जीक्यूटिव मिस रीता पंडित को ड्यूटी पर लगा दिया था। इस एक्ज़ीबिशन को अटेंड करने के लिए कंपनी के एमडी मिस्टर गोपाल भी दिल्ली आने वाले थे।

एक्ज़ीबिशन के एक दिन पहले मैंने एमडी गोपाल सर को फ़ोन किया, "सर! आप दिल्ली में कहाँ स्टे कर रहे हैं?"

गोपाल सर बोले, "जनकपुरी में एक होटल है- हयात सेंट्रिक। यह एक्ज़ीबिशन सेंटर के पास है। मैंने उसी होटल में रूम बुक कराया है।"

मैं बोला, "सर, यह मेरे रेसिडेंस के पास है। यह होटल मेरे रेसिडेंस से केवल एक किलोमीटर की दूरी पर है।"

वे बोले, "उस एरिया में यही एक अच्छा होटल मिल रहा था, इसलिए इसे ही बुक कर दिया।"

मैं बोला, "सर, ये फाइव स्टार होटल है और इसका लोकेशन भी अच्छा है।" फिर मैंने पूछा, "आप दिल्ली कब पहुँच रहे है?"

वे बोले, "मैं आज शाम को ही दिल्ली पहुँच जाऊँगा।" फिर बोले "आप कल सुबह 10 बजे होटल से मुझे पिक अप कर लीजियेगा। साथ में एक्ज़ीबिशन चलेंगे।"

मैं बोला, "ठीक है।"

अगले दिन ठीक 9:50 पर मैं होटल पहुँच गया। पहुँचकर मैंने गोपाल जी को फ़ोन किया। 5 मिनिट में वे नीचे लॉबी में आ गये। मैंने इन्हें पिक कर एक्ज़ीबिशन सेंटर लेकर गया। वहाँ दिन भर हम लोग अपने स्टाल पर विजिटर और कस्टमर को अपना प्रोडक्ट्स और अपनी कंपनी के बारे में बताते रहे। शाम को मैंने गोपाल सर को उनके होटल छोड़ दिया। फिर मैं अपने घर चला गया था।

गोपाल सर मेरे घर के बिल्कुल पास के होटल में ठहरे थे। इसलिए जैसे ही मेरी वाइफ को पता चला कि मेरी कंपनी के एमडी बगल वाले हयात होटल में रुके हैं तो उसने उन्हें डिनर के लिए इन्वाइट करने बोला। मुझे भी लगा कि एमडी सर को इन्वाइट करना चाहिये। एक्ज़ीबिशन सेंटर से वापस आते समय रास्ते में मैंने एमडी सर को अपने घर डिनर के लिये इन्वाइट किया। पहले तो उन्होंने मना कर दिया। फिर मेरे द्वारा कई बार रिक्वेस्ट करने के बाद वे मान गये। डिसाइड हुआ कि अगले दिन मीटिंग के बाद शाम को वे मेरे घर जायेंगे।

अगले दिन मैं और गोपाल सर बहादुरगढ़ (हरियाणा) की एक पीवीसी पाइप बनाने वाली कंपनी में गये। वहाँ उसके एमडी से मीटिंग थी। मेरी सलाह पर कंपनी नार्थ इंडिया के लिए पीवीसी पाइप और एसडबल्यूआर पाइप का जॉब वर्क कराने का प्लान कर रही थी। हमारी कंपनी के पास पीपीआर पाइप और फिटिंग्स थी। पीवीसी पाइप और एसडबल्यूआर पाइप हो जाने पर कंपनी की

सेल्स बढ़ जाने की संभावना थी क्योंकि नार्थ इंडिया के इन प्रोडक्ट्स की अच्छी डिमांड थी।

पीवीसी पाइप कंपनी के एमडी से मीटिंग के बाद हमलोग कंपनी के डिपो गये। डिपो में थोड़ी देर रुके। एमडी ने डिपो स्टाफ से मीटिंग की। उसके बाद हमलोग डिपो से निकल गये। हमने पहले एमडी सर को होटल छोड़ा। अभी शाम को 6 बज रहे थे। उन्होंने बोला, "अशोक जी, मैं कुछ देर रेस्ट करूँगा। आप 7:30 पर मुझे लेने आ जाइयेगा।"

मैं बोला, "ठीक है सर।" फिर अपने घर को चल दिया।

7:30 पर मैं एमडी सर को लेकर अपने घर गया। मेरी वाइफ रीना बहुत खुश हुई। उसने उन्हें वेलकम किया। चाय स्नैक्स लेते समय एमडी, मैं और मेरी वाइफ इधर-उधर की बात करते रहे। कुछ उनके फैमिली के बारे में, कुछ मेरे बच्चों के बारे में। लगभग 9.30 पर हमलोगों ने डिनर किया। उसके बाद मैंने एमडी सर को उनके होटल छोड़ दिया।

-:- -:- -:-

सीईओ का अपॉइंटमेंट्स
मार्च 2024

मैं गुवाहाटी टूर पर था। एक दिन गोपाल जी का फ़ोन आया, "अशोक जी, आप दिल्ली कब लौट रहे हैं।"

मैं बोला, "सर मैं 20 को दिल्ली लौट जाऊँगा।"

वे बोले, "आपको एक दिन के लिए हेड ऑफिस आना है। मैंने एक सीईओ अपॉइंट किया है। उनके साथ इंट्रोडक्शन और कुछ प्लान डिस्कस कराना है।"

मैं बोला, "सर, 25 को होली है। नार्थ इंडिया में होली मुख्य फेस्टिवल होता है।"

वे बोले, "मैं उसके पहले आपको दिल्ली वापस भेज दूँगा।"

मैं बोला, "ठीक है सर, मेरा टिकट 21 को दिल्ली से करा दिजिये।" फिर कुछ सोचते हुए मैं बोला, "सर, मैं दिल्ली क्यों जाऊँगा। मेरा दिल्ली का टिकट कैंसिल कराकर गुवाहाटी से ही सीधे चेन्नई का टिकट करा दीजिए।"

वे बोले, "हाँ ये भी ठीक रहेगा।"

मैं 20 तारीख़ को सीधे गुवाहाटी से चेन्नई होते हुए शाम को हेड ऑफिस पहुँच गया। साउथ के सीएमओ मिस्टर सर्वेश पहले ही मीटिंग के लिये पहुँचे हुए थे।

21 मार्च को हमारी मीटिंग शुरू हुए; एमडी, सीईओ, सीएमओ साउथ और मैं। सबसे पहले सीईओ मिस्टर ग्रेवाल ने हमें अपना परिचय दिया। वे

पीटीएमटी बनाने वाली एक कंपनी के प्रोडक्शन हेड रह चुके थे और किसी इंजीनियरिंग कॉलेज में एमडी सर के क्लासमेट थे।

सामान्य बातचीत के बाद एमडी और सीईओ ने कंपनी के अगले फ़ाइनेंशियल ईयर का टारगेट सेट किया। उन दोनों ने अगले फाइनेंसिल ईयर का बिज़नेस टारगेट करंट ईयर की तुलना में डबल रखा। इसके बाद इस टारगेट्स को नार्थ और साउथ इंडिया को डिवाइड कर दिया। साउथ का टारगेट्स करंट ईयर की तुलना में डबल (200 %) किया, लेकिन नार्थ का टारगेट्स करंट ईयर की तुलना में 6 गुना (600 %) सेट किया था।

मैंने उन्हें समझाया कि नार्थ इंडिया मार्केट में अभी हम कर प्रवेश रहे हैं। इतना ग्रोथ नहीं हो सकता। लेकिन वे नहीं माने। उनका कहना था कि पूरा नार्थ इंडिया खाली पड़ा है। हर स्टेट में सेल्स पर्सन अपॉइंट कीजिए। टारगेट्स पूरा हो जायेगा। बात सही बोला था सीईओ ने। लेकिन पीपीआर की सेल रिटेल में किसी स्टेट्स में नहीं थी और पीटीएमटी के दिल्ली के लोकल ब्रांड्स भरे पड़े थे ; उनसे रेट, रेंज और उपलब्धता को कम्पीट करना आसान नहीं था।

उसके बाद सभी सेल्स पर्सन की उनकी सैलरी के अनुसार टारगेट्स फिक्स किया गया था। जिसकी जितनी ज़्यादा सैलरी उसका उतना टार्गेट्स। टार्गेट्स सेट करने में इस बात का विचार नहीं किया गया कि कोई अभी जॉइन किया है या एक साल पहले। साउथ के अधिकतर स्टेट्स में कंपनी 10-15 सालों से बिज़नेस कर रही थी जहाँ इसका एक ब्रांड इमेज था और नार्थ इंडिया में पीटीएमटी की सेल अभी शुरू भी नहीं हुआ था। टार्गेट डिवाइड करते समय इसे ध्यान में नहीं रखा गया।

टारगेट्स को पूरा करने के लिए मैंने कुछ सुझाव दिये थे, जैसे,

1. पीपीआर पाइप और पीटीएमटी के लिए डीलर के लिये फॉरेन ट्रिप का स्कीम

2. पीटीएमटी के प्लम्बर के लिये प्लम्बर स्कीम

3. पीपीआर पाइप के प्रोजेक्ट्स डीलर के लिए स्पेशल डिस्काउंट

4. पीटीएमटी में स्क्वायर मॉडल (जो नार्थ की सारी कंपनिया बनाती है)

5. फैक्ट्री से डिपो मटेरियल सप्लाई जल्दी करना

6. दिल्ली डिपो में पीपीआर पाइप का डंपिंग बंद करना

7. हर राज्य में पीटीएमटी सेल्स पर्सन के अपॉइंट के लिए एचआर का सपोर्ट

मैं 22 की रात दिल्ली वापस लौट गया।

-:-   -:-   -:-

न्यू एसओपी ऑफ़ कंपनी
अप्रैल 2024

एचआर ने सभी सेल्स पर्सन को एक ईमेल भेजा जिसमें कंपनी की नई एसओपी (स्टैण्डर्ड ऑपरेटिव सिस्टम्स) था। एसओपी की कुछ मुख्य बातें इस प्रकार थी:

डीलर/ डिस्ट्रीब्यूटर के लिये-

1. डीलर के ऑर्डर कंपनी के ऑर्डर फॉर्मेट में ही स्वीकार किया जाएगा। ऑर्डर फॉर्म पर डीलर के साइन और स्टाम्प जरूरी हैं।

2. अब सभी डीलर डिस्ट्रीब्यूटर से दो सिक्योरिटी चेक मिलने के बाद ही मटेरियल सप्लाई होगा। पुराने डीलर डिस्ट्रीब्यूटर से भी दो नया सिक्योरिटी चेक और नया केवाईसी फॉर्म लेना होगा, केवाईसी का एक भी कॉलम खाली नहीं रहना चाहिए, वरना मटेरियल सप्लाई नहीं होगा।

3. क्रेडिट पीरियड 30 दिन का होगा। 30 दिन के बाद कुछ भी बकाया रहने पर मटेरियल सप्लाई नहीं होगा।

4. मटेरियल के कंप्लेन होने पर कंपनी का क्वालिटी डिपार्टमेंट डिसाइड करेगा कि कंप्लेन अटेंड करना है कि नहीं।

5. अगर कोई प्रोडक्ट डिफेक्टिव है या भाड़ा का क्रेडिट नोट देना है, तो पहले डीलर फुल पेमेंट करेगा, बाद के कंपनी क्रेडिट नोट इशू करेगा।

सेल्स मैन के लिए:

1. सभी सेल्समैन के टारगेट्स फिक्स किए गए हैं। टार्गेट्स के 90 % पूरा होने पर सेल्सपर्सन को 0.2% , टारगेट्स के 100% पूरा करने पर 0.15% इंसेंटिव दिया जाएगा।

2. नये जॉइन करने वाले सेल्समैन अगर पहले महीने टार्गेट्स पूरा नहीं करते हैं तो भी उनकी सैलरी मिल जायेगी। लेकिन अगर दूसरे महीने टार्गेट्स का 40% सेल पूरा नहीं करते हैं तो उनकी सैलरी और एक्सपेंस नहीं दी जाएगी और उन्हें बिना कोई कारण बताए और बिना कोई मुआवजा (कंपनसेशन) दिए निकल दिया जाएगा।

3. रीजनल मैनेजर और एरिया सेल्स मैनेजर को कम से कम 8 एवं एक्ज़ीक्यूटिव्स को 12 काउंटर डेली विजिट करना जरूरी है।

4. अगर कोई डीलर डिस्ट्रीब्यूटर किसी कारणवश कंपनी के पैसे नहीं देता है या पैसे देने में देरी करता है तो उस डीलर को डील करने वाले सेल्समैन, सेल्स मैनेजर और रीजनल मैनेजर की सैलरी काट ली जाएगी।

5. प्रत्येक सेल्समैन को महीने में कम से तीन प्लम्बर मीट करना होगा, वर्ना एक्शन ली जायेगी और उसे नॉन परफॉरमेंस माना जायेगा।

अब जब भी कोई नये सेल्समैन को ऑफर लेटर जारी किया जाता, एचआर वाले इन नई एसओपी के कुछ पॉइंट उसके ऑफर लेटर में शामिल कर देते थे। जैसे अगर आप पहले महीने टार्गेट्स पूरा नहीं करते हैं तो भी आपको सैलरी दी जायेगी, लेकिन अगर दूसरे महीने आपके टार्गेट्स का 40% सेल आप नहीं करते हैं, तो आपकी सैलरी और एक्सपेंस नहीं दी जाएगी और आपको बिना कोई कारण बताये और बिना कोई मुआवजा (कंपनसेशन) दिये निकाल दिया जायेगा।

मेरे द्वारा कड़ा विरोध करने के बाद मेरे एरिया में उस पॉइंट को हटा दिया जाता। लेकिन फिर भी कुछ नए जॉइन करने वाले सेल्सपर्सन को कंपनी से ईमेल चला जाता था , जिसके कारण कई सेल्स मैनेजर ऑफर लेटर लेने के बाद कंपनी को जॉइन करने से मना कर देता थे।

कंपनी के नई एसओपी लागू होते ही डीलर डिस्ट्रीब्यूटर और सेल्सपर्सन के बीच रिश्ते ख़राब होने लगे। श्रीनगर का एक बहुत पुराना डीलर था, बंसल हार्डवेयर। वह हर महीने 3-4 लाख का पीपीआर पाइप खरीदता था और समय से पैसे दे देता था। कभी-कभी लाख या पचास हज़ार बाक़ी रहने पर भी हम मेटेरियल भेज देते थे। मटेरियल मिलने के 4-5 दिन बाद वह बाक़ी पैसे डिपाजिट कर देता था। इस तरह से वह हमारे साथ लगभग ढेड़ साल से क़ाम कर रहा था। श्रीनगर में कुछ डीलर के शॉप पर कंपनी के बोर्ड लगाए गये थे, जिसके पैसे कंपनी को देने थे। प्रकाश डाल ने डीलर बोर्ड के वे पैसे बंसल हार्डवेयर से दिलवा दिया और बोला कि कंपनी से क्रेडिट नोट बनकर उसके स्टेटमेंट में डाल दिया जायेगा। उसके पहले भी हमलोग ऐसा करते आए थे। 4-5 महीने बीत गए थे। बंसल हार्डवेयर के बोर्ड के पेमेंट का क्रेडिट नोट अभी तक नहीं बना था। इस बीच तीन से चार बार बंसल हार्डवेयर को मटेरियल जा चुका था। हर बार मटेरियल निकालने के पहले प्रकाश डाल क्रेडिट नोट बनाने के लिये अकाउंट मैनेजर को फ़ोन करता और अकाउंट मैनेजर ये बोलकर कि अभी बिजी हैं एक-दो दिन में क्रेडिट नोट बना देंगे; टाल देता। इसके बाद रिक्वेस्ट करने पर उसका मटेरियल निकालने की परमिशन दे देता था।

धीरे-धीरे कंपनी के सीईओ ने सीएमओ, रीजनल मैनेजर एवं एरिया मैनेजर के सारे अधिकार छीन लिये। अभी तक जो काम एक एरिया मैनेजर, रीजनल मैनेजर या सीएमओ करते आए थे, वे सारा काम सीईओ खुद करने लगा। किसी डीलर डिस्ट्रीब्यूटर या प्रोजेक्ट्स कस्टमर को ओब्लाइज करने या

कम्पेटिटिव मार्केट में ऑर्डर फाइनल करने के लिए एक आध परसेंट किसी को एक्स्ट्रा ऑफर करने का पॉवर सीएमओ तक को नहीं था। एरिया मैनेजर या रीजनल मैनेजर कई बार अपने को असहज महसूस करते कि बिल्कुल छोटी-छोटी बात के लिये किसी डीलर का मटेरियल को नहीं निकाला जा रहा है। सीईओ के अप्रूवल के बिना किसी डीलर डिस्ट्रीब्यूटर के मटेरियल नहीं निकाल सकते थे। यहाँ तक कि किसी डीलर या डिस्ट्रीब्यूटर के एडवांस पेमेंट पर भी मटेरियल सप्लाई करने के लिए सीईओ से अप्रूवल लेना पड़ता था, जिसमें कई बार 2-3 दिन निकल जाते थे।

इस बार बंसल हार्डवेयर का फिर से ऑर्डर आया था। डिपो मैनेजर ने मटेरियल निकालने के लिये सीईओ को ईमेल लिखा। सीईओ में मना कर दिया। बोला कि जब तक अकाउंट शून्य नहीं होगा, तबतक मटेरियल नहीं निकलेगा। सीईओ को बताया गया कि इसका क्रेडिट नोट पेंडिंग है, क्रेडिट नोट बन जाने के बाद अकाउंट शून्य हो जायेगा। फिर भी सीईओ ने मटेरियल निकालने से मना कर दिया. घट ट्रेडर्स, जम्मू का आउटस्टैंडिंग 60 हज़ार था। वह भी काफ़ी पुराना डीलर था और हर महीने 2-3 लाख का मटेरियल लेता था। घट ट्रेडर्स के मालिक ने बोला कि 5-6 दिन के बाद उसके पास पैसे आ जायेंगे और अकाउंट शून्य कर देगा। लेकिन सीईओ ने इसका भी मटेरियल रोक दिया। इसी तरह इस महीने 6 डीलर का डिस्पैच रुक गया। सीईओ ने ना तो एरिया मैनेजर की बात मानी ना रीजनल मैनेजर की और ना तो सीएमओ की ही। 6 में से 3 डीलर ने किसी दूसरी कंपनी का मटेरियल ले लिया और जलटेक का पैसा रोक दिया. इस महीने कंपनी की सेल पिछले महीने को तुलना में लगभग आधी रह गई थी।

दिल्ली डिपो में तीन दिन से स्टॉक का ऑडिट चल रहा था। कंपनी के ऑडिटर की तरफ़ से दो लोगों की टीम स्टॉक ऑडिट कर रही थी। स्टॉक वेरिफिकेशन

में कुछ अंतर पता चला। पीपीआर पाइप के स्टॉक में ब्लू कलर के पीपीआर पाइप ज़्यादा मिले थे और लगभग उतनी ही ग्रीन पाइप का स्टॉक कम था, इसी तरह फिटिंग में भी कुछ आइटम्स ज़्यादा थे और उतनी ही क्वांटिटी के दूसरे आइटम्स कम थे। मेरे डिपो मैनेजर ने पहले ही कंपनी को और मुझे भी बताया था कि पाइप के बंडल में या फ़िटिंग्स के बॉक्स में कई बार बाहर कुछ लिखा होता है और अंदर कुछ दूसरे आइटम्स या कुछ दूसरे कलर का आइटम्स निकलता है। इस तरह से लगातार स्टॉक मिसमैच होते जा रहा था। इस बात की जानकारी मैंने कई बार एमडी गोपाल जी को भी दी थी। कई बार हमने एमडी को बोला था कि डिस्पैच और पैकिंग टीम को ज़्यादा सावधानी से काम करने की ज़रूरत है।

स्टॉक ऑडिट रिपोर्ट अकाउंट मैनेजर को भेजी गई। जो आइटम्स ज़्यादा मिले, उसे अकाउंट मैनेजर ने मान लिया कि ये कंपनी से ज़्यादा सप्लाई हो गया है, लेकिन जो आइटम्स कम मिले, इसे वह मानने को तैयार नहीं हुआ। वह बार-बार डिपो मैनेजर को फ़ोन करने लगा कि ये स्टॉक कम कैसे हुआ? उसका जबाब दो। डिपो मैनेजर ने उसे काफ़ी समझाने का प्रयास किया कि स्टॉक कम नहीं है, केवल कलर का अंतर है। लेकिन शायद हेड ऑफिस में अकाउंट मैनेजर के ऊपर सीईओ का प्रेशर था या कुछ और उसने डिपो मैनेजर को बोला, "तुम चोर हो। तुमने स्टॉक गायब कर दिया है।"

डिपो मैनेजर गुस्से में तमतमा गया, "अगर मैं चोर होता तो 12-15 लाख का जो स्टॉक बिना बिल का आया था, वह गायब कर देता। कंपनी को बताकर उसे स्टॉक में नहीं लेता। मेरे से ऐसी बातें मत करो। मैं चोर नहीं हूँ।"

डिपो मैनेजर गुस्से में मेरे पास आया, "सर , मुझे काम नहीं करना है। आप किसी और को रख लो। अकाउंट मैनेजर मुझे चोर बोल रहा है।"

मैंने अकाउंट मैनेजर को समझाने की कोशिश किया। शायद उसके ऊपर भी बहुत ज़्यादा प्रेशर था। वह नहीं माना। बार-बार बोलते रहा कि ये डिपो मैनेजर की जिम्मेवारी है। ये पैसे डिपो मैनेजर की सैलरी से कटेंगे। मैंने एमडी गोपाल सर से बात किया, उन्हें समझाया। उन्हें ये बात समझ में आ गई और स्टॉक को ठीक कर दिया गया था.

उसके अगले दिन डिपो मैनेजर विजय चौहान मेरे पास आया और बोला, "सर, इस तरह के टॉक्सिक वातावरण में मैं काम नहीं कर सकता। मैं केवल आपकी वजह से यहां रुका था।"

उसके दो महीने बाद डिपो मैनेजर विजय चौहान ने रिजाइन कर दिया।

-:-   -:-   -:-

तू वोट कर, तू चोट कर
मई 2024

लोक सभा चुनाव 2024 का बिगुल बज चुका था। चुनाव प्रचार पूरे शबाब पर था। हमारे सोसाइटी में भी उम्मीदवार और उसके प्रतिनिधि जनता को अपने पक्ष में मतदान करने हेतु उन्हें लुभाने के लिए तरह-तरह के झूठे वादों का प्रलोभन दे रहे थे। जनता नेताओं के झूठे प्रलोभन में आकर अपना बहुमूल्य वोट उन्हें देते हैं।

आज संडे था। अगले संडे को दिल्ली में वोटिंग थी। मैंने अपने सामाजिक दायित्व का निर्वाह करते हुए जनता को जागरूक करने के लिये मतदान पर एक कविता लिख डाली और सारे व्हाटसप ग्रुप में सर्कुलेट कर दिया। कविता का शीर्षक था -

तू वोट कर, तू चोट कर।
समय विकट है आ गया
चुनौतियाँ है सामने
देश के रहनुमा
व्यापारी बनकर आ गये
लगे हैं सब कुछ बेचने
लगा है सब कुछ दाँव पर
नजरें हैं संविधान पर
तू वोट कर, तू चोट कर।

अगर अभी तू चूक गया
इस मौक़े पर तू रुक गया
फिर तू पछतायेगा
ये क्षण लौटकर ना आयेगा
शिक्षा के सवाल पर
किसानों के फटेहाल पर
युवाओं के उबाल पर
तू वोट कर, तू चोट कर

छल कपट में ना बहक
मतदान कर तू सोचकर
पाँच साल में आया है
पाँच साल फिर ना आयेगा
ये प्राण है लोकतंत्र का
ये देश हित का कार्य है
तू देश हित में वोट कर
तू वोट कर, तू चोट कर

ये बात रहे ध्यान में
लिखा जो संविधान में
बाबा साहेब ने लिखा
तू राजा है इस देश का
तू प्रहरी है लोकतंत्र का

लोकतंत्र के सवाल पर
अपनी ताक़त को मानकर
तू वोट कर, तू चोट कर

समय है फ़ैसले का ये
तू आज ये फ़ैसला कर
दिशा बदल दशा बदल
या फिर उसी दिशा में चल
तुममें ही शक्तियाँ हैं सब
तू फ़ौलाद है, चट्टान है
बहकावे में तू ना बहक
तू वोट कर, तू चोट कर

ये देश हित का पर्व है
इस पर्व का तू मान कर
सब सोये को फिर जगा
मतदान करने में लगा
अपनी ताक़त को तू मानकर
वोट की शक्ति जानकर
कलम उठा के नोट कर
तू वोट कर, तू चोट कर

मतदान तुम्हारा फ़र्ज़ है
देश पर ये कर्ज़ है
तू फ़र्ज़ निभाने जायेगा
अपना कर्ज़ चुकाने जायेगा
कसम उठा तू जायेगा
अपने परिवार को भी लायेगा
बटन दबाकर वोट कर
तू वोट कर, तू चोट कर।

-:-   -:-   -:-

जलटेल में पॉलिटिक्स और सेल्स में गिरावट जुलाई 2024

कंपनी के मैनेजमेंट ने टार्गेट्स सेट किया था कि इस वित्तीय वर्ष में कंपनी का सेल्स पिछले साल के सेल्स का दुगुना होगा। लेकिन काफ़ी प्लानिंग के बाद भी महीने दर महीने कंपनी की सेल्स में तेज़ी से गिरावट आ रही थी। कंपनी के एमडी हमेशा इस बात के लिए चिंतित रहते थे कि कंपनी के सेल को कैसे बढ़ाया जाये। इसके लिए उन्होंने कंपनी में एक सीईओ भी अपॉइंट किया था। सीईओ के अपॉइंटमेंट से कंपनी के ग्रोथ में कोई फर्क नहीं आया था।

आज एचआर मैनेजर का एक ईमेल आया कि अब सीएमओ और रीजनल मैनेजर की प्रत्येक सोमवार को रिव्यू मीटिंग ली जायेगी। रिव्यू मीटिंग में एमडी और सीईओ दोनों रहेंगे। इसके पहले रिव्यू मीटिंग मंथली हुआ करती थी।

आज 8 तारीख़ है। महीने के 7 तारीख़ को सैलरी आती है। सभी एक्ज़ीक्यूटिव्स की सैलरी कल ही रिलीज़ हो गई थी। मेरे टीम के कई सेल्स मैनेजर ने आज सुबह-सुबह मुझे फ़ोन किया। उन्होंने बताया कि उनकी सैलरी कटकर आई है। मैंने एचआर को फ़ोन किया, "कुछ लोगों की सैलरी क्यों कट गई है?"

एचआर मैनेजर बोला, "जिनके एरिया के डीलर के आउटस्टैंडिंग ज़्यादा दिन हो गए हैं, उनकी सैलरी कटकर आई है। अब हर महीने उनकी सैलरी से 10% कटेंगे।"

मैंने बोला, "सभी डीलर डिस्ट्रीब्यूटर को मटेरियल कंपनी के एसओपी (स्टैण्डर्ड ऑपरेटिंग प्रोसीजर) के अनुसार सप्लाई हुई है। डीलर से पैसे लेने की ज़िम्मेवारी कंपनी की है।"

एचआर मैनेजर बोला, "सर, आप सीईओ सर से बात कीजिये।"

मैंने सीईओ को फ़ोन लगाया, "सर, सेल्स मैनेजर की सैलरी क्यो कटी है ?"

सीईओ बोला, "जिसके एरिया के डीलर का पेमेंट लेट हो गया है, उनकी सैलरी कटी है।"

मैं बोला, "सर, सभी डीलर या डिस्ट्रीब्यूटर को मटेरियल कंपनी के एसओपी (स्टैण्डर्ड ऑपरेटिंग प्रोसीजर) के अनुसार ही सप्लाई हुआ है। कंपनी के पास सभी डीलर्स-डिस्ट्रीब्यूटर के केवाईसी तथा दो-दो सिक्योरिटी चेक पड़ा है। अगर कोई डीलर डिस्ट्रीब्यूटर कंपनी को पेमेंट नहीं देता है तो कंपनी पेमेंट रिकवरी के लिए लीगल एक्शन ले सकती है।"

सीईओ चीखता हुआ बोला, "कंपनी क्या सभी डीलर के चेक बाउंस कराकर कोर्ट केस करके पेमेंट वसूलेगी?"

मैं शांत होकर पूछा, "कंपनी ने सभी डीलर और डिस्ट्रीब्यूटर से दो-दो सिक्योरिटी चेक क्यो ले रखा है ? बिना सिक्योरिटी चेक के किसी को मटेरियल सप्लाई क्यों नहीं होती है ?"

सीईओ बोला, "वो तो हम ऐसे ही लेते हैं। उस चेक का कोई यूज़ नहीं है।"

मैं बोला, "ये तो फिर बेवकूफी है। फिर चेक लेना बंद कर दो।" मुझे भी गुस्सा आ गया था।

सीईओ ने फ़ोन काट दिया. मैंने भी दुबारा बात नहीं किया।

एक हफ़्ते बाद... आज सोमवार है। सुबह 9 बजे सेल्स कोऑर्डिनेटर का व्हॉटसअप मैसेज के साथ सेल्स रिव्यू मीटिंग का लिंक आया। लिखा था,

सुबह 10:30 बजे पहले नार्थ टीम की मीटिंग होगी और 2:30 बजे से साउथ टीम की।

मैं और मेरे सभी रीजनल मैनेजर सुबह से ज़ूम मीटिंग का इंतेज़ार करते रहे। एक बजे सेल्स कॉर्डिनेटर का मेसेज आया। मीटिंग लंच बाद 2:30 से होगा। हम फिर मीटिंग का इंतेजार करने लगे। 4 बजे कॉर्डिनेटर का फ़ोन आया। बोला, "सर आज नार्थ की मीटिंग नहीं होगी। कल सुबह 10:30 पर होगी।"

मुझे गुस्सा आ गया. मैं बोला, "पहले बताना चाहिए था। सुबह से हम सब मीटिंग का इंतज़ार कर रहे हैं। सबका पूरा दिन बर्बाद कर दिया।"

अगले दिन मिंटिंग 11 बजे शुरू हुई। ज़ूम मीटिंग में हेड ऑफिस टीम में एमडी, सीईओ, सेल्स कॉर्डिनेटर, एचआर मैनेजर और सेल्स टीम में मैं और रीजनल मैनेजर। सीईओ पिछले महीने का सेल्स टारगेट्स और सेल्स उपलब्धि का चार्ट लिये थे। सबसे पहले मेरे दोनों रीजनल मैनेजर को उनके टारगेट नहीं पूरे होने के कारण जमकर चिल्लाया। शायद वे एमडी को दिखाना चाहते थे कि वे अपना काम बखूबी कर रहे हैं।

उसके बाद वे मेरे से बोले, "मिस्टर अशोक, ये क्या हो रहा है? इस तरह कंपनी के टार्गेट्स कैसे पूरे होंगे?" फिर वे बोले, "आपकी टीम का टारगेट्स केवल 70 % पूरा हुआ है।" फिर लगभग चीखते हुए बोले, "आप और आपकी पूरी टीम झूठी है। हर महीने आप लोग झूठी टार्गेट भेजते हो। आपकी टीम के सभी लोग घर में बैठे रहते हैं। कोई मार्केट नहीं जाता।"

गोपाल जी वहीं बगल में बैठे थे। उनकी तरफ़ इशारा करते हुए फिर चीखा, "डायरेक्टर और इंवेस्टर के पैसे बर्बाद हो रहे हैं। आप और आपकी टीम निकम्मी है।"

इस तरह लगभग 3-4 घंटों तक सीईओ चीख़ता-चिल्लाता रहा था। लेकिन इस बीच सेल्स और सेल्स प्लानिंग की कोई बात नहीं हुई। सेल्स को कैसे बढ़ाया जाये? कॉम्पीटिटर्स से कैसे डील किया जाये। मार्केट में अपनी शेयर बढ़ाने के लिए कंपनी की क्या प्लान है? सेल्स टीम को मार्केट में क्या प्रॉब्लम आ रही है? कुछ भी नहीं। सीएमओ सेल्स का आदमी नहीं थे. वे पहले किसी कंपनी में प्रोडक्शन इंचार्ज थे, जिसे गोपाल जी ने अपनी कंपनी में सीईओ बना दिया था। गोपाल जी वहीं बैठे थे। केवल सुनते रहे, बोले कुछ भी नहीं।

अगले दिन सीईओ ने मालदा के एक डीलर को पेमेंट के लिए फ़ोन कर दिया। उस डीलर का पेमेंट विलंब हो गया था। फ़ोन डीलर के बेटे ने उठाया। फ़ोन कनेक्ट होते ही सीईओ चीख कर बोला,, "पेमेंट क्यों नहीं कर रहे हो।"

डीलर के बेटे ने गुस्से में बोला, "चीख क्यों रहे हो? मेरे से ठीक से बात करो।"

सीईओ बोला, "मेरी टोन ही ऐसी है।"

डीलर का बेटा बोला, "टोन ठीक करो। मैं तुम्हारा इंप्लॉई नहीं हूँ।" बोलकर फ़ोन काट दिया। फिर उसने मेरे पास फ़ोन किया, "सर, ये मिस्टर ग्रेवाल कौन हैं? मेरे पास पेमेंट के लिये फ़ोन आया था।"

मैं बोला, "ये हमारी कंपनी के सीईओ हैं।" फिर पूछा, "क्यों क्या हुआ?"

वह गुस्से में बोला, "चीखकर बात करता है। बोलने की तमीज़ नहीं है। बोल दीजिए मेरे को फ़ोन ना करें।"

मैंने उसे समझाया, "नहीं उनकी आवाज़ ही ऐसी है। वो सबों से ऐसी ही बात करते हैं। तुम टेंशन मत लो।"

अक्टूबर 2024, सुबह मिस्टर संजय कुमार का फ़ोन आया, "सर, आपको पता है कि सुमन वर्मा को हेड ऑफिस बुलाया गया है?"

मैं बोला, "नहीं। मुझे नहीं पता।" फिर मैंने पूछा, "आपको किसने बताया कि सुमन वर्मा को हेड ऑफिस बुलाया है?"

संजय ने कहा, "सुमन ने बताया है। उसके पास कंपनी के एचआर मैनेजर का फ़ोन आया था। फ्लाइट टिकट भी आ गई है, 20 तारीख़ को जाना है।"

मुझे भी आश्चर्य हुआ। मुझे किसी ने नहीं बताया कि सुमन को हेड ऑफिस बुलाया जा रहा है। मेरी एमडी और सीईओ से रोज बात होती थी। एचआर मैनेजर भी किसी ना किसी काम के लिए रोज फ़ोन करता था. उसने भी नहीं बताया। सुमन ने भी अभी तक मुझे नहीं बताया था कि उसे हेड ऑफिस बुलाया जा रहा है।

इसी बीच जम्मू से प्रकाश ढाल का फ़ोन आया, "ये क्या हो रहा है सर? कंपनी में अब पॉलिटिक्स भी शुरू हो गई है?" फिर उसने बोला, "ना तो मुझे बुलाया जा रहा है, ना आपको और ना संजय कुमार को। संजय कुमार तो उसका बॉस है और आप तो कंपनी के सीएमओ है। आपको तो साथ में बुलाना चाहिये था।"

मैं बोला, "ये बिल्कुल अनप्रोफेशनल अप्रोच है. एक जूनियर एक्ज़िक्यूटिव को अकेले हेड ऑफिस बुलाना मेरे समझ से परे है। ये एक तरह का सेल्स टीम के बीच आपस में फूट डालने वाली बात है। 28 साल के सेल्स करियर में आज तक ऐसा कभी नहीं हुआ है कि किसी सीनियर को बिना बताए किसी जूनियर को हेड ऑफिस बुलाया गया हो।"

जब हम बात कर रहे थे तभी संजय कुमार का प्रकाश ढाल के मोबाइल पर फ़ोन आया। प्रकाश ढाल ने कहा, "सर, संजय का फ़ोन आ रहा है। क्या मैं उसे भी कनेक्ट कर लूँ?"

मैं बोला, "हाँ, कनेक्ट कर लीजिये।"

अब हम तीनों मोबाइल पर कांफ्रेंस से कनेक्टेड थे। संजय कुमार गुस्से में था, "ये क्या हो रहा है सर, इस कंपनी में? अब क्या सेल्स टीम को आपस में लड़ाया जायेगा? जूनियर को अकेले बुलाने का क्या मतलब है? आप एमडी और सीईओ से बात कीजिये।"

प्रकाश ढाल बोला, "हाँ, सर! आप सीईओ और एमडी से बात कीजिये। इस तरह सेल्स टीम के बीच फूट डालना ठीक नहीं है। लगता है ये सीईओ की कोई चाल है। वह हमारी टीम को तोड़कर पॉलिटिक्स करना चाहते हैं।"

बहुत देर तक इसके बारे में हमारी बातचीत होती रही। उन दोनों का कहना था कि मैं एमडी और सीईओ से बात करके इसका विरोध करूँ। एक बार तो मैं भी सोचा कि एमडी और सीईओ को बोल दूँ कि इस तरह जूनियर से आपका अकेले बात करना प्रोफेशनली ठीक नहीं है। आपको पूरी टीम के साथ बात करनी चाहिये। इस तरह कंपनी में पॉलिटिक्स करना कंपनी और सेल्स टीम दोनों के लिए खतरनाक है, ये बाद में प्रॉब्लम क्रिएट करेगा। आप जूनियर के साथ कोई प्लानिंग नहीं कर सकते। आपको कोई भो प्लानिंग सीनियर के साथ करनी चाहिये। फिर मैं सोचा। जब सीईओ और एमडी ने मुझे इसके बारे में बताना उचित नहीं समझा तो मैं क्यों बात करूँ। मैंने किसी से बात नहीं किया, सुमन से भी नहीं।

हम लोगों की शंका सही निकली। सुमन को वहाँ खूब हवा भरी गई। गुब्बारे के जैसे उसे फुलाया गया। साथ में उसे प्रमोशन देने का वादा किया गया। उसके साथ मीटिंग में सीईओ ने कहा, "अब तुम्हें मिस्टर संजय कुमार को रिपोर्ट करने की जरूरत नहीं, अपने सीएमओ को भी नहीं। आप इंडिपेंडेंट काम करो और सीधे मुझे रिपोर्ट करो।"

एमडी गोपाल जी ने भी उसे बोला, "जरूरत पड़ने पर आप मुझे फ़ोन कर सकते हो।"

एक नया ग्रुप बनाया गया जिस ग्रुप में मिस्टर प्रकाश ढाल, संजय कुमार और मुझे शामिल नहीं किया गया। उसी दिन मैंने डिसाइड कर लिया कि अब इस कंपनी को 'टाटा बाई बाई' करने का समय आ गया है। इस कंपनी में पॉलिटिक्स घुस गया है और मैं अपने काम में पॉलिटिक्स नहीं आने देता।

-:- -:- -:-

जलटेक से मेरा अलग होना
दिसंबर, 2024

कंपनी का वातावरण दिन प्रतिदिन दूषित (टॉक्सिक) होता जा रहा था। सीईओ की तरफ़ से हर बात पर अड़ंगा लगाया जा रहा था। कंपनी के एमडी गोपाल सर ने कंपनी के डेली एक्टिविटी से अपने आप को मुक्त कर लिया था। उन्होंने किसी भी बात का जबाब देना बंद कर दिया था। जब भी कुछ बात करने की कोशिश किया जाता तो उनका एक ही जबाब होता, सीईओ से बात कीजिए।

सभी सेल्सपर्सन, डीलर, डिस्ट्रीब्यूटर तथा डिपो स्टाफ सीईओ के व्यवहार से परेशान थे। कंपनी की सेल हर महीने घटती चली जा रही थी। उसके बाद भी ना तो सीईओ को चिंता थी ना एमडी को। कई बार बातचीत में हमारे कुछ सेल्स मैनेजर मजाक में बोल देते थे, "सर, लगता है सीईओ को किसी कॉम्पीटिटर कंपनी ने यहाँ भेजा है, जलटेक कंपनी को बंद कराने के लिए। ये सीईओ साहेब कंपनी को बंद कराकर ही जाएँगे।" एक बार एक ज़ूम मीटिंग में तो बंगाल का एरिया मैनेजर सबके सामने गुस्से में बोल भी दिया था, "आप सबसे घटिया आदमी हो। आपको मार्केट की कुछ जानकारी नहीं है। आप ऊटपटांग फैसले लेते रहते हो। आप कंपनी को एक दिन बंद कराकर रहोगे।"

मैंने उस एरिया मैनेजर को तुरंत डाँट लगाया था, "इस तरह की ग़लत बातें मत बोलो।"

लेकिन सीईओ ने कहा था, "कोई बात नहीं। मुझे इन बातों से कोई फ़र्क़ नहीं पड़ता,, उसे बोलने दीजिये।"

कुछ महीने बाद बंगाल का वो एरिया मैनेजर ने कंपनी छोड़ दिया। इस बीच कंपनी के बहुत सारे सेल्स पर्सन, एरिया मैनेजर, रीजनल मैनेजर और डिपो स्टाफ ने या तो कंपनी छोड़ दिया था या कुछ को कंपनी ने निकाल दिया था।.

कल सोमवार था, सेल्स रिव्यू मीटिंग का दिन। सीईओ के साथ ज़ूम पर मंथली मीटिंग होनी थी। मीटिंग का वातावरण बहुत ही टेन्स होता है। मीटिंग में सेल्स की बातें कम, चीखना-चिल्लाना ज़्यादा होता है। मीटिंग के नाम पर सुबह से सिरदर्द शुरू हो जाता है। मेरा कल कोई पर्सनल काम नहीं था। फिर भी मीटिंग से बचने के लिये मैंने एक दिन पहले ही एचआर और सीईओ को मेसेज कर दिया था कि किसी अर्जेंट काम की वजह से मैं छुट्टी पर रहूँगा।

एचआर का फ़ोन आया था , "सर एक घंटे के लिये मीटिंग अटेंड कर लीजिये।"

मैंने मना कर दिया।

अगले दिन सुबह एचआर मैनेजर का फ़ोन आया। बोला ,"सर सीईओ आज आपके साथ मीटिंग करेंगे।"

मैं बोला लिंक भेज दो। मीटिंग 11:30 पर शुरू हुई। ज़ूम मीटिंग में हेड ऑफिस से कंपनी के सीईओ, एचआर मैनेजर और सेल्स कोऑर्डिनेटर बैठे थे। आज एमडी सर मीटिंग में नहीं थे।

मीटिंग शुरू होते ही सीईओ ने कहा, "मिस्टर अशोक, आपकी टीम इस महीने सेल्स टारगेट्स का केवल 75% ही अचीव किया है।"

मैं बोला, "हमारी टीम में तीन एक्ज़ीक्यूटिव्स पिछले महीने ही जॉइन किये हैं, जिसका परफॉरमेंस अभी शून्य है। उसके बावजूद, हमारी टीम की सेल पिछले

तीन महीने से बढ़ी है। पिछले महीने सेल 58 % और उसके पहले महीने 66 % थी। धीरे-धीरे बिज़नेस ग्रोथ हो रही है।

सीईओ जोर से चीखते हुए बोला, "इस महीने आपके और आपके पूरे टीम को 75% सैलरी मिलेगी। आपके लड़के काम नहीं करते हैं और आपका उनपर कोई कंट्रोल नहीं है। बार-बार बोलने के बाद भी 100 % टारगेट्स नहीं कर पा रहे हैं।"

मैंने शांति से कहा, "सेल्समैन कमीशन एजेंट नहीं होते हैं। अगर आपको लगता है कि सेल्स का कोई पर्सन आपके अनुसार परफॉर्म नहीं कर रहा है तो आप उसे रिजाइन करने बोल सकते हैं। लेकिन आप सैलरी नहीं काट सकते हैं। कंपनी का अटेंडेंस का ट्रैकिंग ऐप भी सही से काम नहीं करता है। कभी उसके आधार पर आप सेल्स टीम की सैलरी काट लेते हो, कभी डीलर के आउटस्टैंडिंग के नाम पर सैलरी काट लेते हो। मैं इस तरह इस कंपनी में काम नहीं कर सकता। मेरी टीम मेरे ऊपर भरोसा करती है।"

सीईओ की आवाज थोड़ी धीमी हुई, बोला, " हमें कुछ नहीं पता, हमें तो 100% रिजल्ट चाहिये।"

मैं बोला, "100% रिजल्ट नहीं आयेगा। इसमें वक्त लगेगा। आपकी कंपनी को नार्थ इंडिया में आए अभी ढेड़ साल हुआ है। इसे यहाँ कोई नहीं जानता है। इसमें भी केवल पीपीआर पाइप की सेल हो रही है, वो भी केवल इंडस्ट्री और कश्मीर वैली में। दूसरे किसी राज्यों में पीपीआर की सेल नहीं है। आपकी पीटीएमटी की सेल नार्थ में नहीं हो सकती। आपके रेट्स ज़्यादा हैं और आपकी कंपनी को कोई नहीं जानता है। आपको समय देना होगा।"

सीईओ बोला, "मुझे कुछ नहीं पता। मुझे केवल सेल्स चाहिये। अगर आपकी टीम टार्गेट्स पूरा नहीं कर सकती तो बोलिए रिजाइन कर दें," उनकी आवाज में ठसक थी।

मैं बोला, "आपके साथ प्रॉब्लम है कि आपको मार्केटिंग और सेल्स का एबीसी नहीं पता। आप केबिन में बैठकर प्लानिंग करते रहते हो। मार्केट विजिट करो, डीलर डिस्ट्रीब्यूटर से मिलो, फिर आपको समझ आयेगा। आप अकेले नहीं चल सकते। आपको कंपीटिटर्स ले साथ चलना पड़ेगा।"

सीईओ ने कहा, "मुझे अपने तरीके से कंपनी चलानी है। मुझे आपसे कोई सलाह नहीं चाहिये।"

मैं तुरंत बोला, "फिर कंपनी को मेरे जैसे सीएमओ की जरूरत नहीं है। आप अपने तरीके से काम करो," मैं इतना बोलकर ज़ूम मीटिंग से स्वयं को बाहर कर लिया।

सीईओ शायद इसके लिए तैयार नहीं था। उसने सोचा नहीं था कि मैं इस तरह रियेक्ट करूँगा। तुरंत तीन बार एचआर मैनेजर का फ़ोन आया। दो बार सीईओ ने फ़ोन किया। मैंने किसी का फ़ोन नहीं उठाया। थोड़ी देर बाद सीईओ का मेसेज आया, "ज़ूम मीटिंग से एकाएक बाहर हो जाना ठीक नहीं है।"

मैंने मेसेज का जबाब दिया, "कंपनी के जूनियर स्टाफ के सामने एक सीएमओ और उसकी टीम की सैलरी को कम करने की बात करना ठीक है क्या? ये मेरी और मेरी टीम की बेइज्जती नहीं है?"

सीईओ का फिर मेसेज आया, "वो लोग (हेड ऑफिस वाले) मेरी टीम के मेम्बर थे।"

मैंने मेसेज भेजा, “वो आपकी टीम के मेम्बर हैं तो आप उनके सामने एक सीएमओ और उसकी टीम की उसकी सैलरी को कम करने की बात नहीं कर सकते। आपको इसके लिये मेरे से अलग में बात करनी चाहिये थी।“

फिर मैंने मैसेज किया, “आपको नहीं पता। मैं इस कंपनी में एक कंसलटेंट के रूप में काम कर रहा हूँ। आप एमडी से पूछना।” दो दिनों तक मैंने हेड ऑफिस के किसी स्टाफ से बात नहीं किया।

अगले दिन मैंने गोपाल जी को व्हॉटसअप मेसेज भेजा, “सर, मैं अब इस कंपनी के लिये काम नहीं करूँगा। मैं कंपनी से अपने आप को अलग कर रहा हूँ। आप कोई नया सीएमओ या जीएम अपॉइंट कर लीजिये।”

एमडी ने फ़ोन करके यह पुछने की जरूरत नहीं समझी कि मैं कंपनी से अलग क्यो हो रहा हूँ। उनका केवल व्हाटअप मेसेज आया, “ठीक है। मैं सीईओ को बोल देता हूँ।”

डिपो में सीसीटीवी कैमरा लगा था। शायद हेड ऑफिस में सीसीटीवी पर मुझे डिपो आने का इंतजार कर रहे थे। दो दिन बाद जैसे ही मैं डिपो पहुँचा, डिपो मैनेजर मिस्टर जितेंद्र के फ़ोन पर पहले एचआर मैनेजर का, फिर सीईओ का फ़ोन आया। डिपो मैनेजर बोला, “सर सीईओ आपसे बात करना चाहते हैं।”

मैं बोला, “सीईओ सर को बोलो, अभी मैं बात करता हूँ।”

10 मिनट बाद मैंने सीईओ को फ़ोन किया।

सीईओ का स्वर शांत था, “आप फ़ोन क्यों नहीं उठा रहे हैं?”

मैं बोला, “मुझे आपसे बात नहीं करनी है। मैंने एमडी सर को मेसेज भेज दिया है। मैं कंपनी से अलग हो रहा हूँ। अब मैं कंपनी के लिए काम नहीं करूँगा।” इतना बोलकर मैंने फ़ोन काट दिया।

दुबारा सीईओ का फ़ोन नहीं आया।

दो दिन बाद मैंने अपने आप को जलटेक कंपनी से अलग कर दिया।

इसके कुछ दिन बाद साउथ का सीएमओ और दिल्ली का रीजनल मैनेजर ने भी कंपनी छोड़ दिया था।

-:- -:- -:-

"इस पुस्तक का अगला भाग शीघ्र प्रकाशित होगा

www.ingramcontent.com/pod-product-compliance
Lightning Source LLC
LaVergne TN
LVHW041713070526
838199LV00045B/1324
* 9 7 8 9 3 6 7 8 3 9 8 1 2 *